学級づくりと授業

1・2年

低学年

スタートダッシュ最初の3カ月

ここで差がつく

教師力がつく！

奥田靖二 編著

いかだ社

目次

はじめに

　私たちは、小学校の学級担任として、毎年４月に、新たな子どもたちを迎えます。

　「最初がかんじん」という原則は、どんな場合でも重要なことで、もちろん学級づくりにも当てはまります。その「基本」は、教師自身が身につけた「教師力」とも呼べる教師の力量にあります。

　下の図をご覧ください。これが「教師力の樹」です。

　毎日の授業で子どもたちに発することば、あるいは黒板にかく文字や図、教材など、「いかにして」に当たるのが「ノウハウの葉」です。深く、広く、しっかり張った「学習の根っこ」が実践を支え、新しいノウハウを生みます。そして、いちばん大切なのは、そうした根と葉の中心となる「幹」、つまり教育観・児童観を、教師がしっかり持つことです。

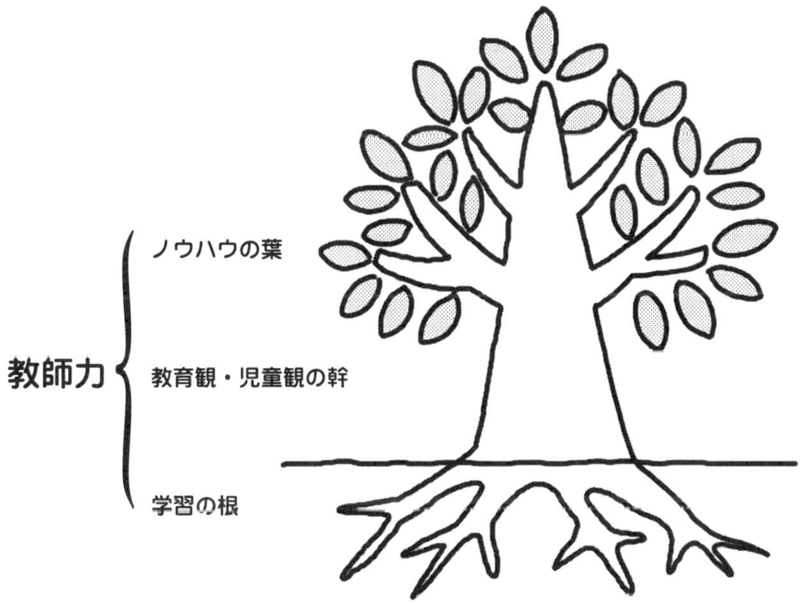

教育の仕事とはどういうものなのか、子どもたちをどう見るのか……こうした「幹」によって、なにを学ぶのかの根や、どういう葉っぱを使って子どもたちに対するかが、まったく違ってくるのは当然です。

私の考えている「幹」は、たえず子どもたちから学ぶ教師、子どもの力を引き出す役割としての教師です。さらに、子どもたちをつねに伸びていく存在として見ることだと思います。

こうした教師と子どもたちとの関係は、

> 教育とは、已（すで）に成長の止った教師と、成長性の旺盛な子供との交渉ではありません。互に燃ゆるやうな成長の中途にある大人と子供が、ぐるになって生活を喜ぶ、そこにだけ教育があります。

という池田小菊のことばに端的に示されていると思います。

「ぐるになって生活を喜ぶ、そこにだけ教育があります。」……この意味をかみしめたいものです。

池田小菊…大正末から昭和初期、奈良女子高等師範学校附属小学校で教えた女教師

★教師、このすばらしき仕事

ここに高知県の小学2年生、白石あずささんの「先生」と題する詩があります。（高知県こども詩集「やまいも」第23集・高知新聞社）

> **先生**
> 先生とならんでいたら
> 南くんが、
> 「二人とも顔がにちゅうねえ」
> と言った。
> すると、先生が、
> 「そうよ、私のむすめよ」

と言った。
私は、とってもうれしかった。
でも、ちょっとはずかしくて、
にこにこしながら下をむいていた。
一日だけ、
先生の家の子どもになってみたいなあ。

先生と顔が似ていると言われた子どもから、「とってもうれしく」そして「一日だけ先生の家の子どもになってみたいなあ」と言われる教師。すてきだと思いませんか、教師の仕事って。

と同時に、「教育困難時代」といわれる現代、子どもたちの荒れなどの現実によって、教師自身の心が壊されてしまうほど大変な仕事でもあります。

教うるとは　永遠（とわ）に未来を語ること
　　　新任校の香り立つ窓
（毎日新聞歌壇欄より）

こんなさわやかな心境で、教室に向かえる教師でありたいものです。

最初の3カ月のステップ

地域によって多少の差はあっても、一般的にはこのようなスケジュールで、最初の3カ月が過ぎていくことでしょう。

最近は春の運動会が増えていますが、秋の場合もありますし、また、家庭訪問は実施せず、「学校区めぐり」として、家の所在の確認だけという学校もあります。

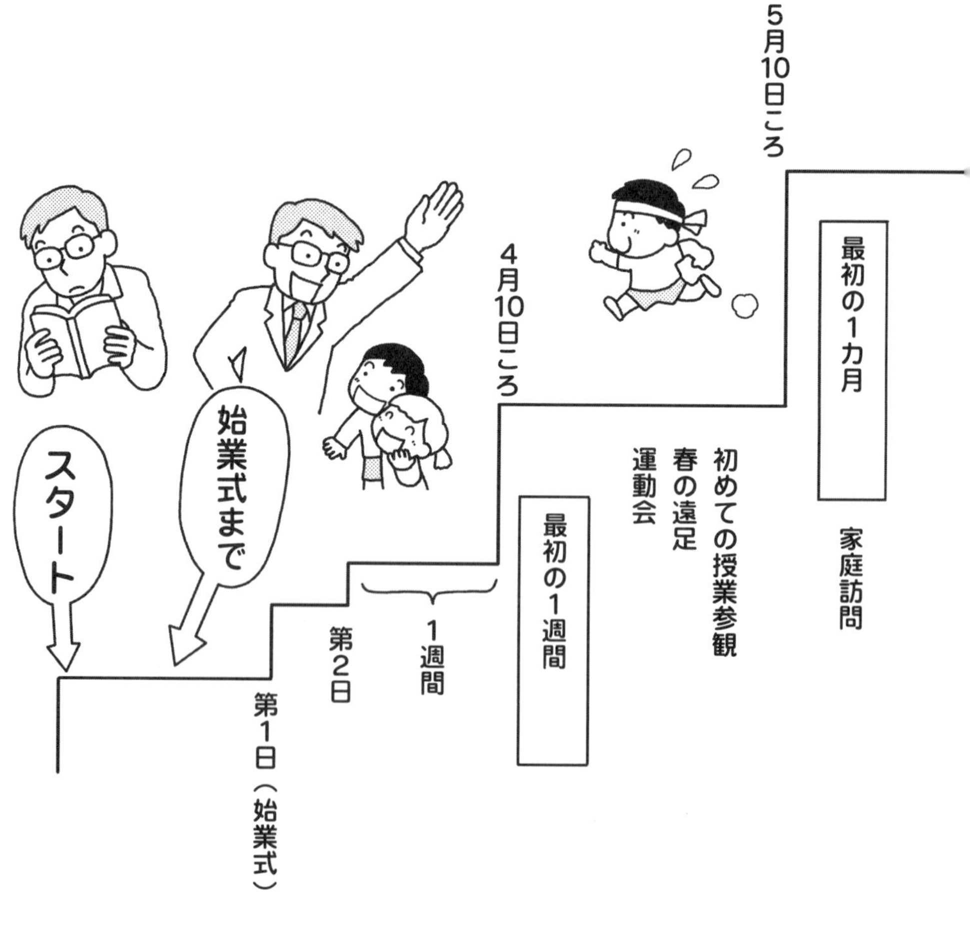

スタート
始業式まで
第1日（始業式）
第2日
1週間
最初の1週間
4月10日ころ
初めての授業参観
春の遠足
運動会
5月10日ころ
最初の1カ月
家庭訪問

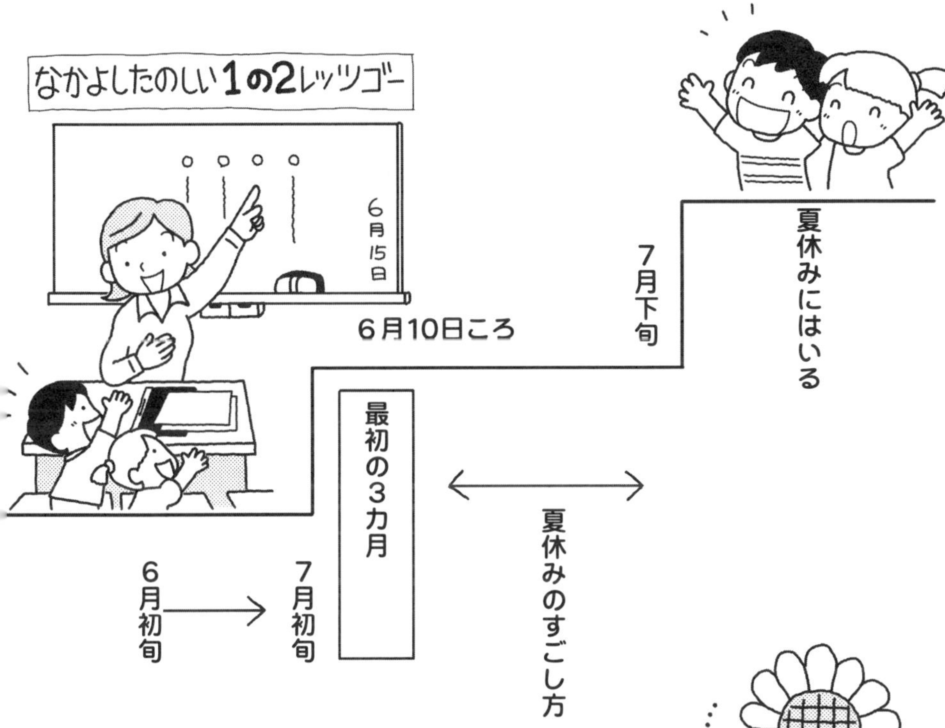
なかよしたのしい1の2レッツゴー
6月15日
6月10日ころ
7月下旬
夏休みにはいる
最初の3カ月
夏休みのすごし方
6月初旬
7月初旬

学校によっては、１学期の間にかなりの行事に取り組みます。4月下旬ころの離任式も、子どもたちにとって大きな「教育」の場となりますので、のちほどふれます。

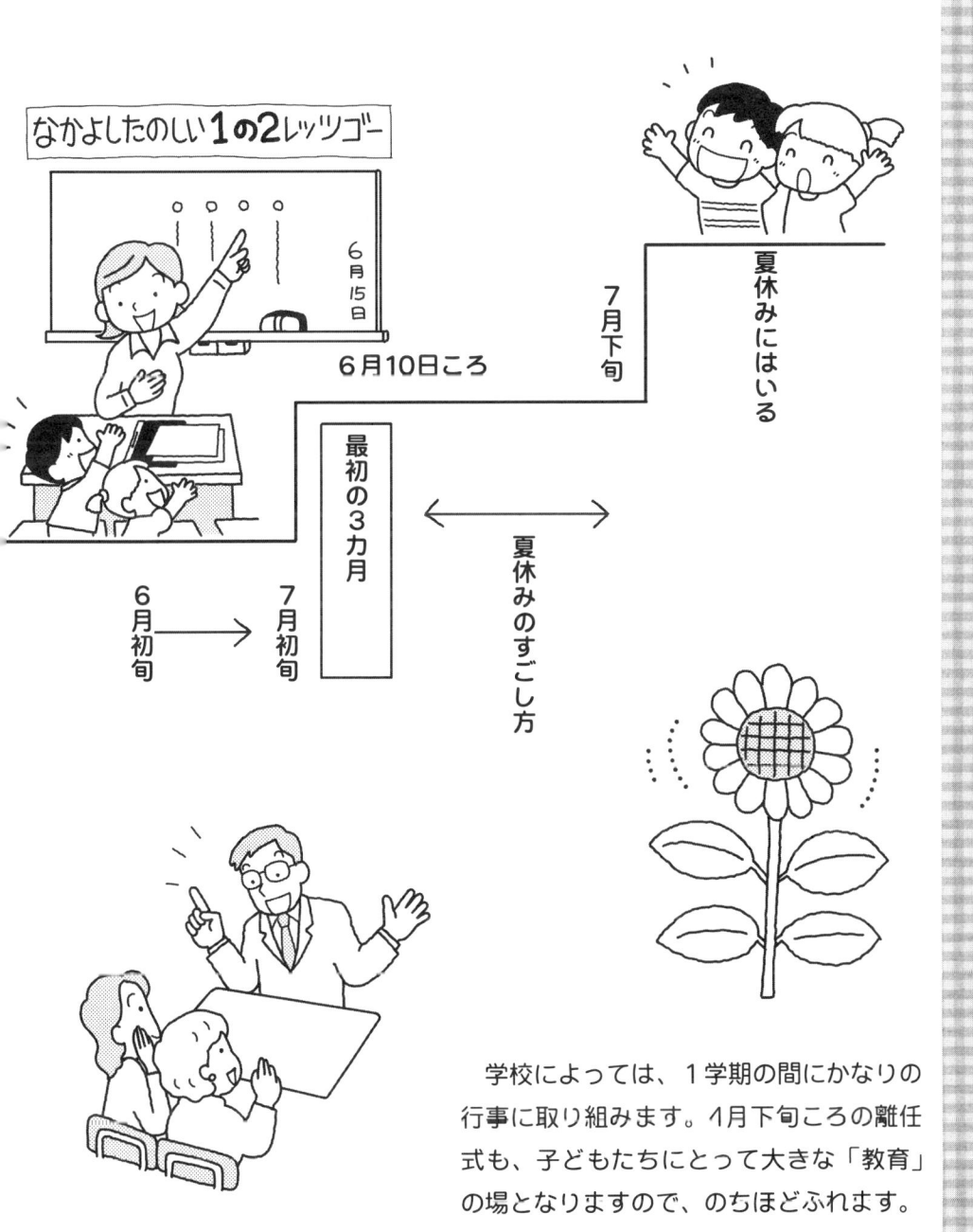

最初の1日
出会いの大切さ

入学式というかたちで初の対面をする場合はもちろん、２年生の担任でも、子どもたちとの新しい出会いがあります。

ある本の著者が、出会いからの３日間を「黄金の３日間」と名づけていましたが、私に言わせると、出会いの初日と次の日は、まさに「ダイアモンドの２日間」です。

それほど「学級づくり」「授業づくり」「父母との対応」という３つの分野すべてにおいて、第１日目と第２日目は、決定的に重要です。

入学式を行なう１年生はともかく、「初日や２日目に親に会うことはないではないか」とおっしゃる方もいるでしょうが、間接的にはちゃんと出会っていて（子どもの目、あるいは１日目のプリントを通して……）、親による最初の評価は、すでにかなりのウエイトで「決定」してしまうのです。

■入学式……出会いの原点■

「今年は新１年の担任でなかったので、とりあえず入学式は関係ないわ」……と思わないでください。

入学式のさいの取り組みと配慮は、すべての学年の初日の出会いに通じるのです。

初日のポイント

●新しい出会いの心がまえ

精神主義かもしれませんが、新しい担任として、教師も新しい心がまえで……新しい下着、新しい上靴にそれが現われることもあり、当日の朝はシャワーですっきり出陣、というのもよいと思います。

●気持ちを張りつめて

初対面の感動を感じられるように。かといってあまりコチコチにならず、リラックスして、自分の人間的な魅力を発揮できるように。

式場への第1歩で決まる

何が決まるかというと、出席している父母の、担任となるあなたへの第一印象という評価です。

具体的には、①表情、②目線、③服装と姿勢、の３つです。

①表情

おもに３つのタイプがあります。

もちろんBの表情が好ましいのですが、Aもまあ、いいでしょう。いけないのはCです。顔になんの表情も表われていない人が、わりといるのです。

A　緊張　　B　ゆとりとほほえみ　　C　無表情

②目線

　これが意外と大切です。

　「先頭が校長先生だとすると、次は1組、私の子の担任になる先生かしら」「あれ、２番目の先生、ブスッとして冷たそう。あの先生が担任でありませんように……」

　父母たちの目線は、会場にはいって来たあなたに集まっていることを、まず心得てください。

　教師であるあなたは、

(1) ゆとりとほほえみを持って、子どもたちを見わたします。

(2) 父母席に向かって、ほほえみながら軽く頭を下げます。

(3) 自席に座ってからも、子どもたちのほうを向いて、たえずゆとりの表情で目線を投げかけます。

　このとき、いちいち式次第やメモを見たり、隣の席の先生とひそひそ話をしたり、は厳禁です。

　たとえ式とは別の用件だとしても、これを見ていた父母の中には「なにしゃべっているのかしら。今年の子どもはダメね、なんて言ってるんじゃないでしょうね」と思う人がいるかもしれません。

③服装と姿勢

　服装は「普通」でいいのですが、あまりけばけばしい印象を与える服はさけるべきです。同じ意味で、髪を染めている人も注意してください。

　姿勢には、意外と「いつもの」が出てしまいます。猫背はよい印象を与えません。ふだん姿勢がよくない方は、練習して直しておくようにしましょう。

歩き方も、ふだんから癖のある方は気をつけましょう。

とくに男性の先生が１年生を担任する場合、子どもたちの中には保育園・幼稚園では女性の「先生」としか接していない子もいますから、「こわそう……！」という印象を与えないように注意してください。

父母の中には「うちの子は男の先生で大丈夫かしら」と思う人もいますから、そのへんへの気配りも必要です。

ピンと背筋を伸ばして
（ふんぞり返らずに）

式がはじまったら

「○組の担任は○○先生です」と校長に紹介されて、初めて正式にあなたが担任であることがわかります。

「やっぱりこの先生でよかった！」なのか

「この先生でうちの子大丈夫かしら」なのかの分かれ道です。

では、好ましい評価を得るにはどうしたらよいでしょうか。

複数のクラスがある場合は、紹介されて子どもたちの前へ進み出た時に何を言うのか、など事前に他の担任と打ち合わせをしておくのがいいと思います。この10秒か20秒のひとことが大切です。

例えば、

「みなさんとこれからお勉強する担任の○○先生です。仲良くしましょうね、どうぞよろしく！」

「きみたちの担任の先生になった○○といいます。私は楽しいことが大好きなので、楽しくお勉強しましょうね」

などと、明るくはきはきした口調で。

「よろしくね」の握手はいかが？

子どもたちの座席の横に担任用の椅子を置いておき、紹介が終わったらそこへ座るのも１つの方法です。

そのさい、１人ひとりと握手をして、「よろしくね」「楽しくしましょうね」「○○さん、元気そうだね」（名札の名前を見ながら）と声をかけるのもいいでしょう。

ただし、他の担任と同じようなやり方でやりましょう。1人だけのパフォーマンスはさけるべきです。

■教室での出会いは■

　さて、式が終わったら教室に移り、子どもたち、親たち全員と正式の出会いをします。

　この時の担任としての第一声はとても大切ですから、前日までにきちんと用意しておきましょう。

①原稿は「シナリオ」形式にして、役者さんのように何度もくり返し声に出して、練習しておく。
②原稿は大きめの紙に書いておき、当日は教卓に置く。
③小さな文字ではよく見えないので、一節ごとに最初の出だしを大きな太い字で書く。
④原稿は参考にするだけで、下を向いて読んではいけない。

最初の部分を太字で書いておく。

担任としての第一声（例）

みなさん、入学おめでとうございます。

私が1年○組の担任の先生になった○○です。

（名前は黒板に板書するか、あらかじめ用意しておいた名札を張る。）

これからみなさんと楽しく遊んだり、お勉強したりしましょうね。

（最低限必要な交通安全の話などを、わかりやすく説明したあとで）

○○小学校は楽しいよ。さっき入学式で2年生がやってくれたようなこと、みんなもできるようになるよ。（74ページ参照）

それにこの○○先生も楽しいよ。そうだ、みなさんの入学をお祝いしてマジックをしてあげよう。マジックって知ってる？　手品ともいって不思議なんだよ。

あれ、ここにティッシュペーパーがあるね。

（19ページから展開例を載せました。）

さあ、明日からもこの教室でいろいろ楽しいことがあるからね。

明日からはもうお母さんお父さんとでなく、学校のお兄さんお姉さん、お友だちといっしょに来るんだよ。

COLUMN

マジック（展開例）

①はい、ここにティッシュペーパーが１枚ありますね。これを破いて丸めます。

②さて、「えい！」とおまじないをかけると……

③あれ、まだですね、もう１回「えい！」（このしぐさを３回ほどくり返す。）

④最後にもう一度やってみましょう。「えい！」

⑤おやおや、さっき破ったはずなのに……もとどおりになってるよ。

①

③

⑤

☆たねあかし

③をくり返すことによって、このしぐさを先生の「くせ」のように思いこませておきます。

④であらかじめ左襟の裏に隠しておいたティッシュのかたまりを左手で取ります。破いたティッシュは右手の中にかくします。

⑤で左手のティッシュを両手で広げて見せます。

③のしぐさ

④のしかけ

④

●2年生の場合……発展型

④の時に右手に持っていた破れたティッシュを落とす。

⑤あれ、こういう失敗もありますよね。タネを落としちゃったかな。

⑥（落としたティッシュを拾い上げる。）

⑥

⑦おや、なんだか大丈夫みたいですよ。
（拾ったティッシュを広げて見せる。）
こちらのほうも破けてないですね！

⑦

☆たねあかし

⑥の時、右手で拾いながら、左手でポケットに入れてあるもう1個のティッシュを取り出す。

⑦で拾ったティッシュを右手の中に隠して、取り出したほうのティッシュを広げて見せる。

左手でこっそり取り出す。

さて、ご家族のみなさまへ

ここでお父さんお母さんにお話しするから、ちょっとだけそのまま待っててね。

保護者の方をはじめ、ご家族のみなさん、お子さんのご入学おめでとうございます。

私は今年で教師生活○年目を迎えました。まず私がこの子たちの担任として、つねに考えてまいりたいことを３つだけお話しいたします。

１つは資料の中の「学級だより」第1号に載せました詩、同じものが教室の後ろに張ってありますが、これは私の教育理念を表わすものであり、ずっと座右の銘として心がけてきたものです。

詩人である安積得也（あずみとくや）さんの「ひとりのために」という詩集の冒頭に掲げられている「明日」と題する詩です。

お帰りになったら「学級だより」をお読みいただければさいわいです。

２つめは、この詩の理念にありますように、すべての子どもたちの力や個性をちゃんと認めて、引き出すよう心がけてまいります。

そのためには、クラスの子どもたちが仲良くなるよう育て、けっして「いじめ」のような状況をつくらないよう心がけていきたいと思います。

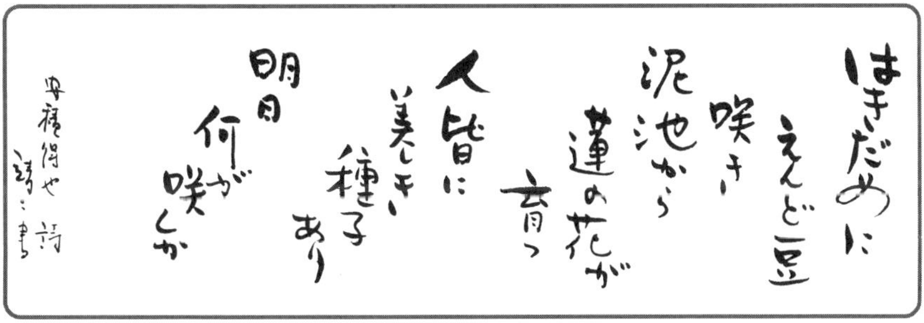
はきだめに
えんど豆
咲き
泥池から
蓮の花が
育つ
人皆に
美しき
種子あり
明日
何が
咲くか
安積得也 詩

3つめは、勉強がよくわかる、楽しい授業とクラスをつくってまいりたいと思っております。

さきほどのようなマジックやゲームなども時折やりながら、「楽しくなければ学校じゃない」と、子どもたちがルンルンスキップで学校へ来られるようにしたいと思っています。

どうかご両親ご家族のみなさんからも忌憚のないご意見をいただき、楽しく子どもたちを育んでまいりましょう。

私もその重要な役割を担う者として努力してまいりますので、よろしくお願いします。

■学級だより第1号■

「学級だより」第1号は前日までに準備しておきます。

この第1号と翌日に渡す第2号は、「最初がかんじん」の精神どおり、とても大切なものです。

担任の「あいさつ」と学級づくり、授業の進め方を簡潔に書きます。

先ほどのような詩を掲載するのもよいでしょう。

その後も、「学年だより」とはべつに、週に1回か2週に1回は出すことが望ましいと思います。（学校・学年の状況にもよりますが。）

「学級だより」のタイトルには「たんぽぽ」とか「のびのび」「あめんぼう」といった子どもらしいものや、担任の気持ちを反映したものをつけるといいでしょう。

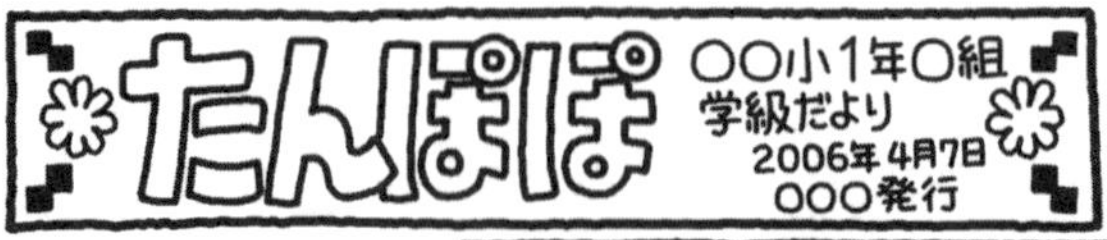

寺田小学校
1ねん1くみ
あゆみ
NO. 1

にゅうがく おめでとう
小さななかまたちの門出を祝って

てらだしょうがっこうへ
にゅうがく おめでとう!
たのしく、なかよく
げんきで がんばろうね!
もう一《ぢ》ねんせいだもの
しっかり ね。
にこにこわらって まいにち
がっこうに きましょうね。

おくだせんせいって
たのしい
せんせいだよ。
ともだちと
なかよく
すごし
ましょう。
よろしく ね。

(ひめおどりこそう)

保護者のみなさんへ

入学おめでとうございます。
担任としてがんばる決意ですので
よろしくお願いいたします。

〃はきだめに　えんど豆咲き
泥池から　蓮《はす》の花が育つ
人皆に　美しき種子あり
明日　何が咲くか〃
（安積得也　詩）

この詩にありますように子ども達ひとり、
ひとりが持っている小さな種子の可能性を
信じ、ひとりひとりちがった花を咲かせるお
手伝いができたら幸いです。
父母のみなさん方も、今までの子育て
を通して、まだまだ不安なこともあろうか
と思います。
これからは新たにクラスのみなさんの智恵
を交換しあってがんばってまいりましょう。
とかく人の花は美しくみえがちです。
自分の子は？とみなさん悩んでいる状況も
あります。子ども達のダメな面を気にす
るのではなく、可能性の芽をみつめ

あした　どんな芽を
どんな花を　という心で

ゆったり子ども達を見守ることができます
ようお互いに努力してまいりましょう。

もう春の陽がいっぱいです。
ひかり色したたんぽぽも咲いています。
私達　寺田小一年生です。どうぞよろし
くお願いいたします。

担任　奥田靖二

最初の2日目

おはようございます。

今日はおうちの人とではなく、お友だちといっしょに学校へこれましたか？

「学校行くのイヤーだよ」と朝泣いた人はいないよね。

ほら、このお手紙見てごらん。昨日の入学式のようすを書いておきましたよ。これは帰ったらおうちの人に見せてね。

これからいろんなお手紙、プリントとも言って、こういうふうに印刷した紙を、みなさんにあげます。

それには大切なことが書いてあるので、ちゃんとおうちに帰ったら渡してね。

だから、グチャグチャになったり、どこかになくしてしまわないように、お手紙のしまい方を教えてあげましょう。

①まず、半分に折って、このはじっこを下のはじっこに重ねるよ。
ぴったりだね。

②そしたら、もう１回折って重ねて、それを連絡帳の袋の中に入れましょう。

それから、おうちの人が連絡帳に何か書いてくれたら、先生の机の上のこの箱の中へ出しておいてね。

■学級だより第2号■

2日目の朝には、「学級だより」第2号を用意しておきます。

「入学おめでとう、さっそく第2弾」として、入学式のようす、初めてのクラスでのようすを、できるだけ「写真入り」で掲載しましょう。

最近はデジタルカメラが普及していますから、簡単になりましたね。

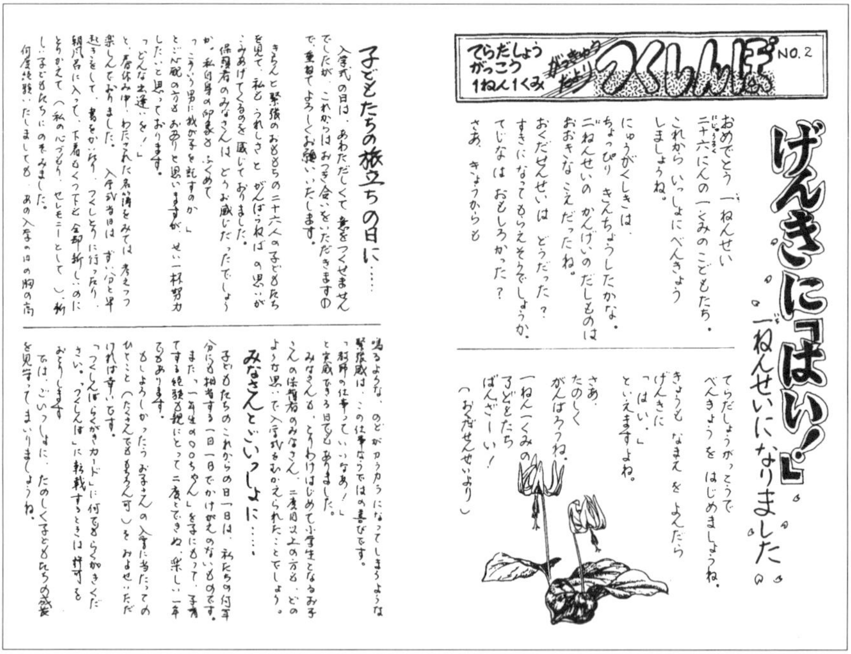

てらだしょうがっこう 1ねん1くみ がっきゅうだより つくしんぼ NO.2

『げんきに「はい！」』

一ねんせいになりました

おめでとう 一ねんせい
二十六《にじゅうろく》にんの 一くみの こどもたち。
これから いっしょに べんきょう しましょうね。

にゅうがくしきは、
ちょっぴり きんちょうしたかな。
二ねんせいの かんげいの だしものは
おおきな こえだったね。
おくだせんせいは どうだった？
すきになってもらえそうでしょうか。
てじなは おもしろかった？
さあ、きょうからも

てらだしょうがっこうで
べんきょうを はじめましょうね。
きょうも なまえ を よんだら
げんきに
「はい。」
といえますよね。
さあ、
たのしく
がんばろうね。
一ねん一くみの
子どもたち
ばんざーい！
（おくだせんせいより）

子どもたちの旅立ちの日に……

入学式の日は、あわただしくて意をつくせませんでしたが、これからはおつき合いをいただきますので、重ねてよろしくお願いいたします。

きちんと緊張のおももちの二十六人の子どもたちを見て、私もうれしさとがんばらねばの思いがこみあげてくるのを感じておりました。

保護者のみなさんは、どうお感じだったでしょうか。私自身の印象もふくめて

「こういう男に我が子を託すのか」

とご心配の方もおありと思いますが、せい一杯努力したいと思っております。

「どんな出逢いを！」

と、春休み中、わたされた名簿をみては考えつつ楽しんでおりました。

入学式当日は、ずいぶんと早起きをして、書をかいたり、つくしとりに行ったり、朝風呂に入って、下着もくつ下も全部新しいのにとりかえて（私の心づもり、セレモニーとして）、祈りし、子どもたちにのぞみました。

何度経験いたしましても、あの入学の日の胸の高鳴るような、のどがカラカラになってしまうような緊張感は、この仕事ならではの喜びです。

「教師の仕事っていいなあ！」

と実感できる日でもありました。

みなさんも、とりわけはじめて小学生となるお子さんの保護者のみなさん、二度目以上の方も、どのような思いで入学式をむかえられたことでしょう。

みなさんといっしょに……

子どもたちのこれからの日一日は、私たちの何年分にも相当する一日一日でかけがえのないものです。

また、「一年生の○○ちゃん」を子にもって、子育てする経験も親にとって二度とできぬ、楽しい一年でもあります。

もしよろしかったら、お子さんの入学に当たってのひとこと（たくさんでももちろん可）をおよせいただければ幸いです。

「つくしんぼらくがきカード」に何でもらくがきください。「つくしんぼ」に転載するときは許可をおとりします。

では、ごいっしょに、たのしく子どもたちの成長を見守ってまいりましょうね。

●「学級だより」省エネのアイデア

タイトルなどはあらかじめコピーで増やして用意しておきます。

ファイルの裏表紙に張った封筒に入れて保管しておくと便利です。

パソコンでワクをつくっておく方法もあります。

●花のカット

校庭に咲く花や道端の野草など、花のカットをあらかじめ用意しておくと記事量が少なくてすみます。

できたら担任の手描きがいいのですが、カット集などを活用するのもいいでしょう。「花クイズ」もおもしろいと思います。

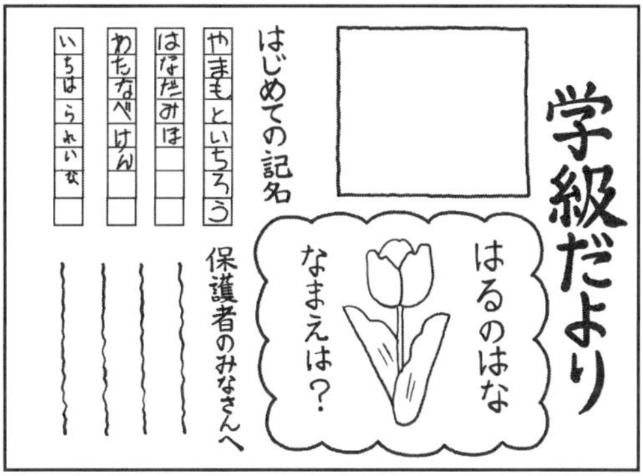

■最初のお勉強……トイレのルール■

さて、最初のお勉強は……何でしょうね。この裏の文字は……そう、「れ」ですね。

トイレに行きたくなったら、遠慮しないで、お勉強をしている時でも「はいっ」と手をあげて。だまって手をあげてもいいし、または、そっと立って先生のそばに来て「トイレに行きます」と言ってください。小さな声でもいいよ。

大きな声で「先生、トイレっ！」はちょっとおかしいね。だって先生はトイレじゃないもの。

昨日、もう学校のトイレを使った人もいると思うけど、みなさんのおうちのトイレとちがっていても心配しないでね。

では、まず学校のトイレを見に行きましょう。これも大事な勉強ですよ。

大きいほうをしたくなった人も上手にしてね。我慢しないでね。終わったらお水を流すんだよ。

（男女とも、大小のトイレの使い方を、水を流して見せたりして教えます。）
（大のほうは、できたら朝、おうちですましておくといいですね。）

明日も、みんなで学校のようすを見に行きますけど、今日はトイレの勉強が一番ね。

では、次の時間はなんでしょうね。

■名前が書けるかな■

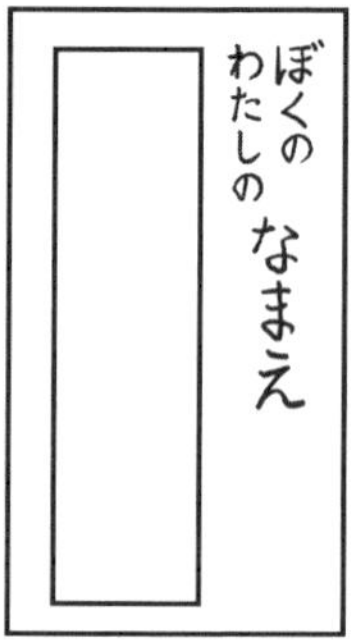

さっきの時間はトイレの勉強で、「こんなのお勉強じゃないよ」と思った人もいるだろうけど、こんどは本当にエンピツ持って勉強するよ。はい、筆箱と下敷きをだしてね。

この紙に、まず自分の名前を書いてみましょう。

ていねいに、いままでで一番上手な字で書いてね。ゆっくりだよ。この紙の細長い枠の中にはいったらいいよ。あんまり小さくなくね。

失敗したら、もう１枚紙をあげるよ。

はい、みんな小学校で初めての自分の名前ができましたね。

今度はこのマス目のはいった紙に、１マスに１つの字を入れて書こう。マスが余った人は、下のほうは書かなくていいよ。

例えば先生の名前だったら、こうだね……
（拡大して書いておいたものを見せる。）

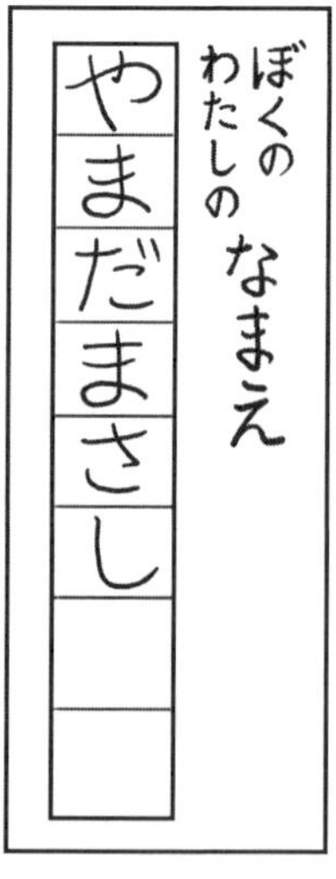

さあ、みんなも書けるかな。
（この時間では、字のまちがいなどはなおしません。全員にハナマルをつけます。）

「初めての記名」のうち1枚は切り取っておき、縮小コピーで大きさをそろえて、４～５人ずつ、第３号以降の「学級だより」に掲載します。

■君たちの先生になってラッキー！■

２日目には、とくに子どもたちに伝えたいメッセージがあります。

●まだ緊張している子どもたちには。

「お行儀のいい子ばっかりだなぁ、先生はみなさんの担任の先生になれてうれしいよ！」

●浮かない顔をしている子には。

「○○くん、よろしくね。先生はね、このクラスをとっても楽しいところにしようと思ってるんだ。○○くんも、このクラスでいいことがあるといいね――」

●目立って「やんちゃ」に見えたり、落ち着きがなかったり、すでに「いじわる」を起こしている子がいたら。

「○○くん、なかなか元気がいいなあ。先生は明るくて、元気のよい○○くんのような子が好きだよ。仲良くやろうね。じつはね、（小さな声で）先生も小学校のとき、やんちゃ坊主だったんだよ。あ、これ内緒だからだれにも言わないでね」
「みんなと仲良くすごせると楽しいね。みんなが○○くんのお友だちだからね」

クラスの雰囲気を察して、対処法を考える

元気なクラスか、不活発なクラスか、「いじめ」が生じるのではないか、など、クラスの空気を感じ取る力が大切です。

わずか２日間では感じ取れないという場合は、個別に「子どもノート」「教育日誌」をつけるなど、１～２週間かけて子どもたちのようすやことばづかいに注意して分析します。

スタートはとても大切なので、子どもたちへの注意の仕方にも気をつけます。

（できるだけ１人ひとりの子に個別的な声かけができるよう心がける。）

（今日、一度も話していない子はなかったか、反省する。）

「がんばれ」より「よくやってるね」で

「99人に最善のこと１人に最悪のことあり」と言いますが、逆に「99人に最悪のこと１人に最善のことあり」でもあります。

例えば、木に登るという行為も、現代では、「危険なこと」になっていますが、ある子どもにとっては「よくそこまで登れたねぇ」とほめられる場面かもしれません。

もちろん「上手にほめて」安全に降りられるよう配慮してあげます。

（昔のロシアの話にありましたね。）

逆に、99人の子に最善のことが１人の子には最悪になる、という場面も考えた取り組みが必要です。

「がんばれ！」と声をかけることが逆効果になる子もいます。

教師たちは「がんばりなさい！」ということばが好きなようですし、「が

んばらないから君はダメなんだ！」と追い打ちをかける教師もいます。

この問題をちょっと考えてみませんか。

「がんばれ」も時と場合、相手によりけりです。「がんばれ」だけではアドバイスになりません。「何をがんばるのか」子どもにわからなかったり、「もうがんばってるのに……」と受け取られるかもしれません。

「がんばれ」より「ああ、よくやってるね。こうしたらどうだろう」と具体的なヒントを与えるほうが好ましいのではないでしょうか。

絵をほめる場合も、

「ここんとこの色きれいだね」

「この部分よくかけてるね」などのほうが「ほめことば」として有効です。

「一生懸命がんばっている○○くんってすてきだね」というほめことばもあります。

★歌声と笑いのある学校に

子どもたちが毎日楽しく、クラスですごせるかどうかのバロメーターの１つは「笑いと歌声のあるクラスになっているか」でしょう。

ユーモアあふれる語り口は、すべての方がすぐ身につけられるものではないし、歌が得意でない方もおられるでしょう。

でも、笑顔はお持ちのはずです。

これが一番です。

楽しいクイズや歌（できれば学級のテーマソングを替え歌ででもつくるとよいですね。）を毎日、どこかに取り入れましょう。

そんなにレパートリーがないという方は、子どもたちの班ごとに交代で「今週の歌」を決めてもらい、始業前などにリーダーを決めて合唱するといいと思います。

先生の大あくび

ほうかご、ぼくはのこされて
九九のれんしゅうを
していました。
二のだん、三のだんと言って
四のだんを言っているとき
先生はのん気に大あくびをしました。
ぼくは
「おれがいっしょうけんめい
やっているというのに
あくびをするとは何ごとだ」
と先生に言いました。
すると、こんどは
ゲラゲラゲラゲラと
わらいがとまらなくなりました。
ぼくはいっしょにわらいました。
二人でゲラゲラゲラゲラ
わらいました。

高知県こども詩集「やまいも」第25集（高知新聞社）
中村小学校２年　河岡一成

こんな大笑いが教室から飛び出す……なによりもこういう雰囲気を持つクラスでありたいですね。

■1年生の期待に応える……初めての宿題■

入学間もない子に「学校って何をするところ？」ときくと、全員が「おべんきょー！」と答えてくれます。その「期待」に応えることが必要です。

よく入学後の３～４日は「学校探検」として、学校内を案内して回りますね。

「ここが校長先生のお部屋。校長先生にごあいさつしましょう」

「ここは理科室といって、みなさんが３年生になったら、このお部屋でお勉強します」

「ここは保健室。みんなのからだの調子が悪いときやケガをしたとき、ここに来ます。この○○先生は養護の先生といいます」

などとつぎつぎ教室をまわって説明しても、一度にはわかりません。

さきのトイレと保健室程度にして、あとは後日に１つずつ時間を見てやるといいでしょう。

では、さっそく今日の宿題を出します。

宿題というのは、学校でやる勉強のほかに、おうちに帰ってやる勉強のことです。

「自分の名前かけるかな」をさっきやりましたね。「自分の名前をこのプリントに書いてきてください」……それが最初の宿題です。

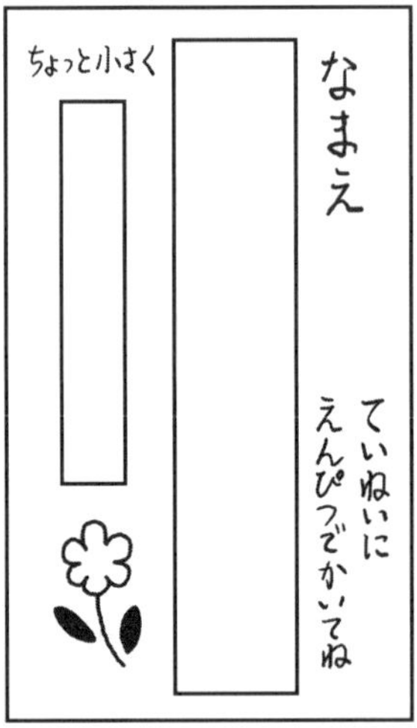
なまえ
ていねいに
えんぴつでかいてね
ちょっと小さく

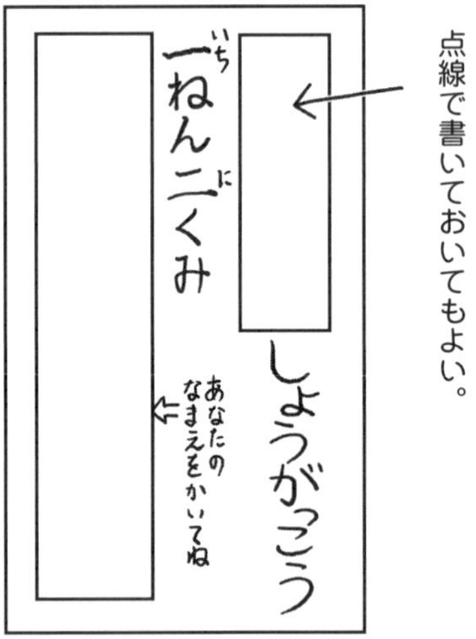
一《いち》ねん二《に》くみ
しょうがっこう
あなたの
なまえをかいてね
点線で書いておいてもよい。

色画用紙などにプリントする。

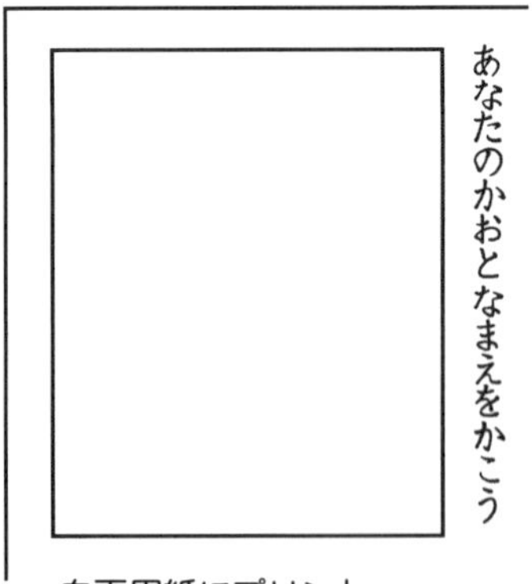
あなたのかおとなまえをかこう

白画用紙にプリント。

学校名は教室で復習してから
宿題にするとよい。

いま
かいたの？
しゅく
だいだあ

●バリエーション

- おうちにいる人の顔をかいてきてね。
- ペットもいたらかいてね。

最近は入学前から字を書ける子も多いので、文章を書いてもらうのもいいでしょう。

これらのプリントは色画用紙を台紙にして、教室に張り出すこともできます。２日目に教室や校庭で１人ひとりの写真を撮って、この掲示にそえるのもいいと思います。

これらの取り組みは、２年生の新学期にも、漢字で書く、家族の名や自分の住所も書く、というように少しグレードアップして実施できます。

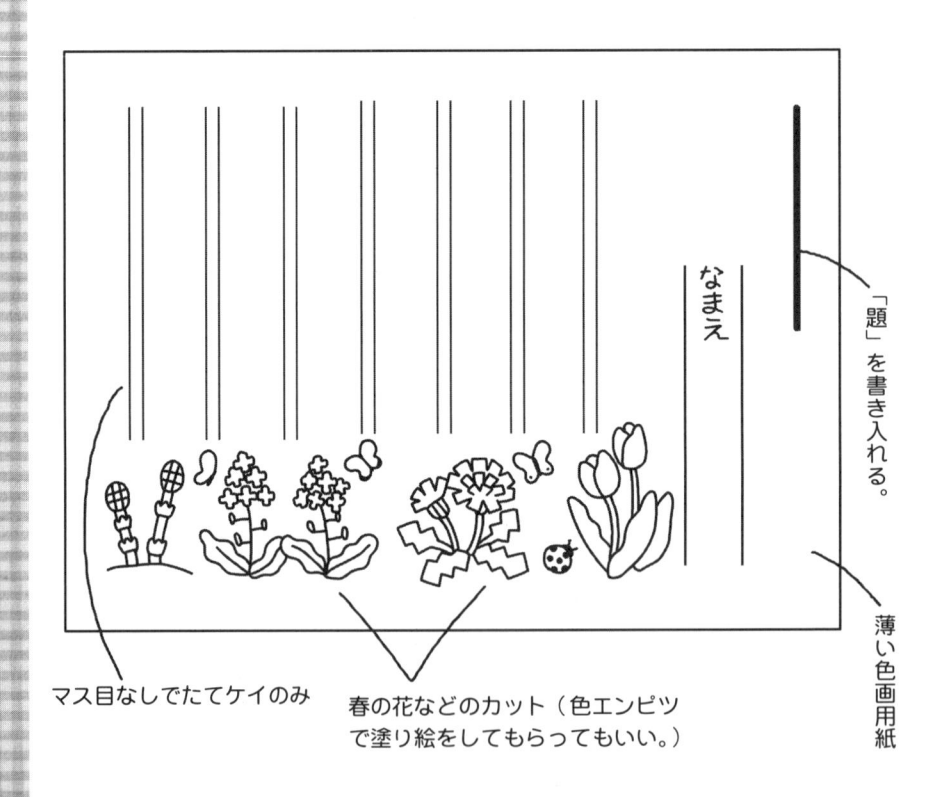

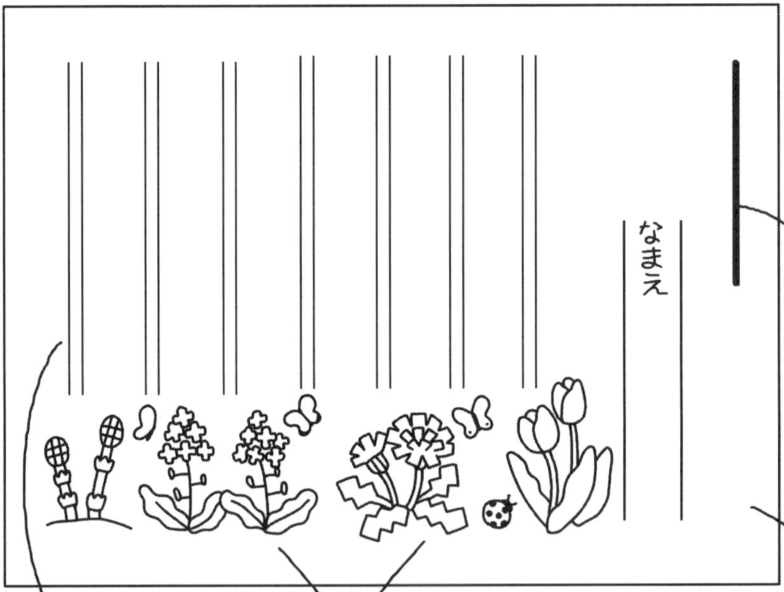
なまえ
「題」を書き入れる。
薄い色画用紙
マス目なしでたてケイのみ
春の花などのカット（色エンピツで塗り絵をしてもらってもいい。）

２年生の作文用紙（例）
（そのまま掲示できるようにする。）

最初の1週間
…………ドキドキワクワクの取り組み…………

　１年生のゆきちゃんのことを、お母さんがさっそく連絡帳に書いてくれました。

「……スキップをして登校していくゆきのようすをうれしく見送っております。ゆきは学校が、『ドキドキからわくわくになった』と言っておりました……」

　子どもたちがスキップしながら登校したくなるような学校・学級にしたいですね。

■1週間目には自己点検を■

１週間たったころ、担任として次のような点を点検してみるとよいと思います。

①子どもたちの名前はみんな覚えたか

「えーと、あの子はなんて名だったっけ」をなくすためには、全員の集合写真を参考にしたり、授業ノートに個別の特徴を書いておくとよいでしょう。

②名簿や指導ノート（学校用、個人用）、
保健関係の書類に誤りはないか

子どもたちの個票などの見直しや、パソコンへのデータ入力。

（ただし、情報管理がずさんにならないよう、とくに注意を。自宅への持ち帰りなどには特別の注意を払い、原則はやめるべきです。）

③この1週間に声かけや対話をしていない子はいないか

個人ノートの記述が少ない子について思い返してみて、そういう子には第２週そうそうに話しかける中身を考えておきましょう。

「○○くん、ランドセルのお守りすてきだね」

「きれいな洋服だね。だれに買ってもらったのかな」

「字がきれいに書けているね」

「机の中がきちんとしていて、気持ちいいね」

「あいさつの時、声が大きくて姿勢もいいな。すてきです」など、１人ひとりの子どもを評価したり、認める中身に気づきたいものです。

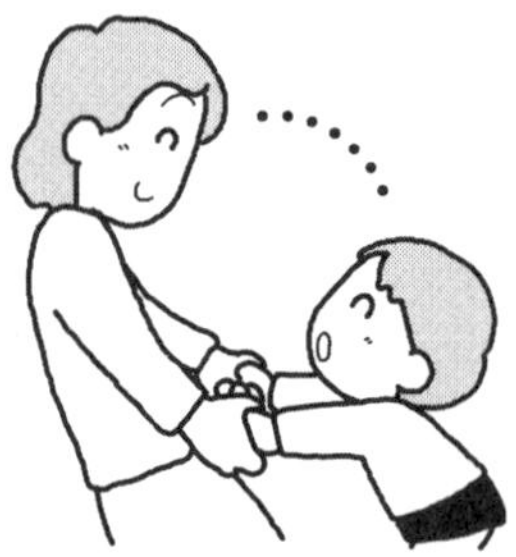

COLUMN

3本柱のある学校

子どもたちにとって、１日の大半をすごす学校が楽しいと感じられるためには、次の３本柱が大切だと思います。

第１の柱は「学ぶこと」「勉強すること」が楽しく思えてこその学校・学級です。

第２の柱は、同じ年代の子どもたちが友だちとなり、支え合う喜びを感じられる、安定した居場所としての学校・学級です。

第３の柱は、以上を演出する教師自身が、その期待に応えられる楽しさの内容（それは表情だけでもわかります）をもつ学校・学級です。

おのおのの柱の内容を自分流に考えましょう。

楽しい学校・学級
先生が楽しい
友だちが楽しい
学ぶことが楽しい

●葉っぱの重要性

同時に、具体的な教育実践のノウハウ、国語は国語、算数は算数のノウハウも大切です。それは、先輩たちの優れた実践を「まねる」ことから始まります。「まなぶ」の語源は「まねる」なのです。

そのためには民間の教育研究団体に積極的に加わったり、夏休み等の研究会に参加することをお勧めします。民間教育研究協議会に問い合わせると、各研究会のことを知ることができます。

研究団体がわかったら、インターネットで調べればくわしい情報が得られます。

■「○○先生はね」と親に報告できる内容を■

「ぼく（私）の先生はね……」と、子どもたちが親に好感触で報告できるような教師になりましょう。では、その中身とは……

「ぼくの先生ってすごくおもしろいんだよ」

「ちょっとこわいところもあるけど、やさしいよ」

「○○先生がいろんな遊びをしてくれたよ」

「○○先生、とっても絵がうまいんだよ」

特別に優秀なものでなくても、教師の特徴を示すことでいいのです。

「とってもおしゃれ」

「歌が好きでよく歌う」

「大きな声」

「サッカーがうまい」

「逆立ちができる」でもいいでしょう。

「いつもニコニコしている」

「よくほめてくれる（私のことをちゃんと認めてくれる）」

「いじめやあぶないことには、オニみたいに真っ赤になって怒る」……

「どんな先生？」と親にきかれて、もう１週間もたっているのに、

「べつにー」「ふつー」とか「怒りんぼ」「笑わない」といった印象を子どもたちがもらさないようにしたいものです。

子どもも、教師を評価する

私の娘が小学１年生だったころ、

「校長先生ったらね、朝会であいさつしろ、しろって言ってたのに、私が『おはようございます』って言っても、知らんぷりだったからキライ！」と言ったことがあります。

たまたま娘の声が校長先生に聞こえなかったのかもしれませんが、他の場面でも「親しみを感じなかった」らしく、時折「校長先生ってヘン」という感想がきかれました。

担任に対しても同様です。子どもたちの担任への評価はかなりシビアなものと心得て対応してください。

学級だより第3号

第２日目のようすは、保護者のみなさんの関心が集まるところです。

１人で学校に行き、教室で何をしたかを、保護者にただちに知らせることは大切です。とりわけ子どもたちのようすを撮った写真を掲載すると喜ばれます。

■保護者の評価はどうか■

ある母親が言っていました。

「担任がよい教師かどうかを見分けるのは、子どもたちに向けた先生のまなざしね」

このまなざしとは、どういう意味なのでしょうか。多分に第一印象的、情緒的なものも含んでいるとは感じますが、母親のもつ本能的ともいうべき直感力は当を射ていると思います。

「子どもにとってよい教師とは」をひとことで言うなら、

「楽しくて笑顔で子どもたちに接してくれて、えこひいきをしない先生」ということになるでしょう。

さらに、

「わかる授業で子どもの学力保障ができる教育的力量をもっている」と親が感じることも、親が安心できる教師の条件となります。

★第一は教師の熱意

「親と教師にとって、すごく大切なこと」と題する本は、ロン・クラークというまだ30代の若い先生によって書かれたものです。（邦訳・草思社）

彼はウォルト・ディズニー社主催の「全米最優秀教師賞」を受賞した教師だそうで、さきに出版された「あたりまえだけど、とても大切なこと」「みんなのためのルールブック」という本なども、かなりの人気となっています。

よく売れる本だからよい本だ……とは限りませんし、その賞の性格もよく知りませんが、一読してみると、「アメリカらしい」「アメリカだからそんな破天荒な教師もいるかも……」と思わせる部分はあるにせよ、内容的にはうなずけるところが多い本です。

彼はこの本の中で、「大切なこと」の内容を11項に分けて紹介していますが、その第１として、「熱意」をあげています。もちろん、教師の教え子と教育という仕事に対する熱意のことで、それは情熱と呼んでもいいかもしれません。

●冒険、創意、ユーモアも

彼は続いて、冒険、創意、反省、バランス、思いやり、自信、ユーモア、常識、感謝、回復力、の10項をあげています。

冒険や創意といっても、彼のように教え子を自分の郷里まで旅行に連れて行ったり、自分の教室をペンキでディズニーランドのように塗り替えて、校長から「私を殺す気！？」といわれたりは、いまの日本の学校ではできるものでありません。しかし、彼が第１にあげた「熱意」は、教え子にも親にも、結局は管理職にも認められるものだと思います。

彼は、

「熱意はまわりに伝染する」

「ふだんはめったに活気のあるところを見せない教師たちにも強力なもので伝染性をもっている」と述べています。

いささかびっくりする彼の行動力ですが、クラーク先生の熱意には納得しないわけにはいきません。

「子どもたちのユーモアを理解する」のくだりには、

「教師は自分の魅力を駆使して、できるかぎり授業にユーモアと笑いを取り入れ、クラスへエネルギーを注ぎ込むべきと思う」とも述べています。

例としてあげられている彼のユーモアは「アメリカ流」で、そのまま私たちが取り入れることはできませんが、学ぶべきことはあると思います。

最初の１カ月の学級づくり

最初の１週間は、落ち着く間もなく、あっという間に過ぎ去ってしまいます。予定した段取りどおりいかなくても、もう一度ゆっくり点検しなおして、１カ月目までの間に「やりなおし」をしましょう。

■最初の１カ月……子どもたちへの働きかけ■

1 座席決めはどうするか

１年生のスタート時は、あらかじめ名簿順などで男女ペアの座席を決めておくのが普通ですが、身体的条件がある場合、すぐ再検討しなければなりません。

１年生の場合、そのへんは比較的「先生のやり方」でスムーズにいくものですが、２年生ともなれば、子どもたちから要求が出てきます。しかし、それを取り上げて「子どもの自由」にまかせたり、逆に一方的な押し付けになっては逆効果です。

①最初は決められたとおりに座ります。

（２年生なら３日間、後日の席がえを前提として自由に座ってみます。）

②子どもたちのようすと身体的条件を考慮して、
担任が席替え案を示します。

●クラスには背の高い人、低い人がいる。

●目が悪かったりして、遠いと黒板がよく見えない人もいる。

●教室は「お勉強するところ」だから、席順もそれがうまくいくように考える必要がある。

ということをふまえて、子どもたちに席決めの大切さを伝えます。

　低学年では、これらの点をおさえておけば、最初の期間にはトラブルなど生じないでスムーズにいくはずです。

2 プリント渡しと提出物の扱い

最初は１枚１枚子どもたちに手渡しして、すぐに折らせる。

　低学年では、親に向けてのプリントや、練習、テストのプリントを毎日のように配布します。

　保健に関すること、伝達的なこと、期限付きで回答をもらいたいものなど、小さな子どもたちにもれなく指示するのは、とくに最初の１カ月は大変な作業です。

①渡したプリントをきちんと折り、「連絡帳」の袋にすぐ収められるよう練習する。

- 「○月○日までに」と期日の指定されたものは、子どもの記憶だけではむずかしいので、プリントの中、あるいは「学級だより」に締切りを載せておく。
- とくに大切なものは、渡したら、すぐプリントの右上に記名させる。

（よく「このプリントだれのー？」と叫んでいる先生がいますね。そうしたときに役立ちます。）

②提出物はすぐチェックする

　出席名簿とは別に、点検のための名簿帳を用意しておき、だれが出したかすぐチェックできるようにしておきます。

「○○くん、まだあのピンクのカードが出ていないよ。お母さんに書いてって言ってね」などと声をかけやすいですからね。

●「忘れ物一覧表」は無意味

教室に子どもの名を入れた「忘れ物グラフ」を張るのは、おやめになることをお勧めします。

こういったグラフは、毎回忘れ物をする子にとっては、「わーい、ぼくは忘れ物チャンピオンだ」などとあまり効果がなく、かえってめったに忘れ物をしない子にとってプレッシャーになるからです。

まして、参観日などに「親に見てもらって」なんて魂胆は、持たないことです。

親はたった１つ２つしか忘れ物のない「よい子」まで、責めることになりかねません。

忘れ物は個別に気長に指導すべきことで、「先生だって忘れ物をする」んですから、子どもたちが責められたり、しかられたりせず、適切に指導されるものでしょう。

●落し物と記名

なんでもかんでも記名するよう、入学式の日から要求されて、忙しい親が困ってしまった、という話をききます。

算数で使うおはじき１つひとつにまで記名するなら、一夜のうちに何十も書かなければなりません。体育袋に縦横の大きさまで指定して、糸で縫いつけてくるよう要求されたというところもあるそうです。

教科書とノートへの記名は基本としても、おはじきや数え棒などの記名は箱だけにして、もし紛失したら予備から補充してあげればよいでしょう。

「これだれの？　だれの！」と叫んで時間をつぶすようなことはさけるべきです。

「落し物箱」をつくって、一時あずかっておき、そこに少し予備品も入れておけば、授業を中断しての忘れ物探しをしなくてもすみます。

本来、どうして忘れ物や落し物をしたら困るのか、普段から話し合わせて、予防を心がけるようにすべきでしょう。

3 教室でのルール

●教室のきまり
●お友だちと仲良くするために
●学校でけがをしないために
の３つのルールは、いちどきにではなく、少しずつ教えていきます。

「ルール」をたくさん教室の中に張り出しておくやり方はお勧めできません。

（58ページから具体例を述べました。）

4 子どものトラブルを解消する

①双方の話を、平等によく聞く

（明らかに一方がよくないと思えた場合でも）

●トラブルを起こした側には、その理由をおだやかに聞く。
●被害にあった側にも、ちゃんと主張させる。（困ったことなど）
●いずれか一方を即断で責めたりしない。

②問題によっては、親にも状況を正確に伝え、対処法についても説明する。

（一方にけが等が生じた場合はとくに）

③トラブルを教訓として、学級全体で考えさせる。

トラブルの解決の仕方によっては、親の信頼感に影響したり、親同士の問題に拡大してしまうこともあるので、扱いはていねいに、きちんと対応しましょう。

管理職にも、対処について正しく報告しておきましょう。

■最初の保護者会■

★準備も念入りに

１カ月目くらいに最初の保護者会を開く学校が多いと思いますが、この保護者会はとても重要です。きちんと準備をしてのぞんでください。

①親の立場に立って

働く親たちの多くは休暇をとってまで、わが子のために参加してきます。「来てよかった」「この先生が担任でよかった」と思っていただける保護者会にしましょう。

②名札の準備

出席名簿を参考に親の机に名札を用意し、どの子の親かよくわかるようにするとよいでしょう。

③座席の配置は親しみをもちやすく

コの字型や担任を取り巻く形にします。

PTA主催の形式であれば、飲み物を出してもよいでしょう。

（紙コップ程度で、リラックスしたムードになります。）

男女色別にするのもよい

④手元の資料の用意も

担任の手元に、いま使っている教科書や最近の子どもたちの作品・ノート等、その場で見せられる資料を用意しておきます。

条件が整っていれば、ビデオなどで子どもたちの日ごろのようすを短時間みせるのはよいですが、行事の記録を20分30分とみせることは好ましくありません。

⑤話し合う内容は事前に知らせて

保護者会で話し合いたい内容は事前に「学級だより」などに載せ、参加の案内をそえます。

例としては

1　教室での子どもたちのようす
2　いま、進めている学習内容のポイント
3　「いじめ」について
4　家庭学習をどう定着させるか
5　子どものやる気を引き出す法

など、話題づくりになるようなテーマを、保護者の関心事に合わせて取り上げるとよいでしょう。

保護者にとってわかりづらいテーマである、

●総合的学習ってどんな勉強？

●生活科で学ぶ中身……家庭でできるものってなーに？

などもいいでしょう。

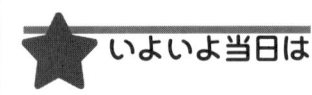

いよいよ当日は

①明るい印象で自己紹介

あらためて自己紹介する場合もあるでしょうが、これも担任の新たな評価に関係してきますので、かっこをつけず、明るいトーンで印象が良くなるよう心がけましょう。

「私はもともと教師になるつもりはありませんでした」などと、「正直に」語って不評を買った教師もいましたのでご注意を。たとえ事実であったとしてもタブーです。

②プライバシーもある程度は……

親にとって自分の子どもの担任がどんな人間であるか、興味があって当然です。

「最後まで先生が独身か、子どもがいるのか、わからなかった」

「そんなことをお聞きする雰囲気じゃなかった」

とこぼす親もいます。

常識の範囲内で、自分のプライバシーを自然に紹介することはよいと思います。

親しみのわく語り口と話題をマクラにもってくると、好感をもたれますよ。

③自分の教育の基本をきちんと

入学当初から話したり、学級だよりに載せてきた子どもたちへの思いを、あらためてきちんと述べるのはいいことです。

「なぜ教師になったのか」も誠実に語ってよいでしょう。

ただし、「何とはなしになった」というなら、たとえ事実でも話すべきではありません。

④くどくならず、資料を示して

いきなり保護者会の場が親から、「私たちを教育するのか」と受け止められてしまわないよう配慮しつつ、「こうしたことも考え合ってまいりましょう」という姿勢で資料を活用しましょう。（資料の例は114ページ）

「この本は参考になりますから、ぜひお読みください」というのも、親は戸惑います。

「このプリントをお読みください」ですむことは要点にとどめ、プリントを読み上げるだけの保護者会にならないようにします。そのさい、社会問題になっている教育関連の新聞記事などを示してもよいですが、解説が長くならないように気をつけます。

大事なのは、

「ご一緒に子育てをがんばってまいりましょう。教師としてお手伝いをしますから。何でもお気づきの点はおっしゃってください。連絡帳やお手紙でご相談事、ご意見をお寄せいただけることを歓迎します」

ということが伝わるようにすることです。

⑤親批判は禁物

子どものきびしい状況を説明するあまり、

「近ごろの親は、子どものしつけが甘い」など、親批判ととれる発言はつつしみましょう。

たとえ「児童虐待」のような話題になっても、「親が悪い」と決めつけていると受け取られる話し方はさけましょう。

「みなさんにもいろいろ子育てに悩むことが多いでしょうが、これからどんなこともよく話し合い、子どもたちがすこやかに育っていけるよう、努力しましょう」

という姿勢が大事です。すでにいま悩んでいる親が目の前にいるかもしれません。

COLUMN

低学年担任の基礎知識

　本当は小学校教師の基本的な知識なのですが、案外、こうしたことがおろそかになっていて、悩んでしまう先生も多いのです。

①発達の基礎と発達段階をおさえる

　子どもたちはどんな状況にあっても必ず発達します。

　それは「発達の道筋」を通っていくものですから、その道筋をしっかり教師のほうがつかんで当たれば、どっしりとしていられます。

②「まともな育ち」はどこが基礎か

　最近、低学年の子にも、

　●落ち着きがない

　●すぐかっとしてパニックになる

　●友だちに暴力をふるう

といった傾向が見られる……と文科省の調査でも指摘されています。

　なぜでしょうか。どうしてセルフコントロールができないのでしょうか。原因はいろいろありますが、どうしたら「まとも」に育つのかおさえておく必要があるでしょう。

※『小学校１年生　学習と生活の基礎・基本〜伸びる・育つための土台づくり』に参考にしていただけることを書きましたので、読んでいただければさいわいです。
新任教師のみなさんは、『新任教師ファーストブック』も参考にしてください。
（いずれも奥田靖二編著、いかだ社）

COLUMN
発達の3つの積木

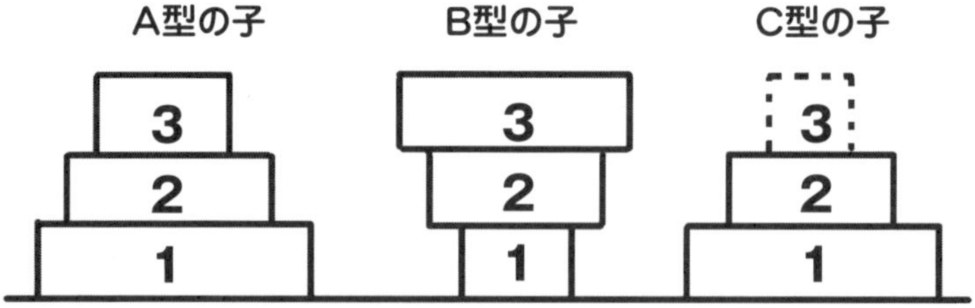

１に当たるのが「本能・意欲・子どもの身体そのものに根ざす活動・情緒」

２が「生活体験・具体物とのふれあい」

３が「言語体験・学習の世界」

この図は「集団保育と心の発達」（新日本出版）の中で近藤薫樹氏が述べているもので、A型の子は安定した落ち着いた子に育つ力を持ち、B型の子はいわば「頭でっかち」で、子どもの本能的・意欲的活動を重視しないで、ガミガミと親から指示されて育った子に多い型です。

C型の子は「子ども本来の欲求を大事に」「大人の干渉で子どものやる気を抑えず伸び伸び育てよ」という、いわば「放任型」です。はたしてこれで主体的な子は育つでしょうか。

●情緒ってなに？

では、この土台部分を構成する情緒とは、どういうことを言うのでしょうか。

「情緒的」とは、感情面が先立って論理的な考えの苦手な人、という印象をもっている方もおられるでしょうが、「広辞林」（三省堂）によると、

1　ある事を思うにつれて生じるさまざまな感情・思い。

2　喜、怒、哀、楽、怨、驚、希望、愛情、煩悶、恐怖などの強度の身体的活動、特に顔面筋肉活動による表情を伴う複合感情。

とあります。２の定義がおもしろいですね。

●無表情の子は情緒不足？

楽しいことをしていても、あまり表情に変化のない子に

「○○くん、おもしろい？」ときくと、

「うん、おもしろい」と、これまた無表情のまま答えたので、

「じゃあ、もうちょっと楽しそうな顔したら……」なんて言ったことがあります。

また、部屋の温度が高いのに、上着をとらず汗をかいている子がいました。

「暑くないの？」と指摘すると、初めて気づくのです。

感情のうちのいくつかが、きちんと豊かに発達しているのか心配になってきます。

子どもらしく喜々とした顔、悲しさいっぱいの表情……などを豊かに持ってほしいと思うのですが、なにやら大人の中にも顔面筋肉活動のとぼしい人が増えてきている、と感じるのは私だけでしょうか。

最初の1カ月
…………「学級づくり」の基本…………

１年生にとって、１学期の始まりに、学級のルールを定着させることが大事です。

それは、「学級とは、クラスとは！」といった「押しつけ」的な規律ではなく、

- ●みんながしっかりお勉強するために
- ●みんなが仲良く楽しくするために
- ●学校や教室でけがをしないために

という生活上必要な要素ととらえて、日常的に取り組んでいくべきものです。

①チャイムが鳴ったら席に着く

学校は、教室でみんながいっしょに勉強するところです。「よーいどん」で勉強にはいれるよう席に着いていると、先生のお話がよくわかりますよ。

入学直後から、

「チャイムが鳴ったら遊びをやめて、教室にはいって自分の席に着く」という指導を繰り返します。

最初にあいまいにすることなく、ただし「学校って大変なところ」と思わせないよう気をつけます。

②おしゃべりは「はい」と手をあげて

何か言いたいこと、答えたいことがあったら

「はい」と元気よく言って手をあげてください。

「○○さん」「○○くん」と呼ばれたら、お話してください。

起立させるかどうかは、担任の考えで、私は１年生の場合、朗読のとき以外は起立させませんでした。

③騒がしいクラスにしない

「名前を呼ばれた人だけ話す」という決まりを守るようにね。言いたい人、答えたい人も、次に呼ばれるまでがまんしてね。

どうしてでしょうか？　みんながあちこちでお話ししてしまうと、お友だちの話も、先生の話も聞こえなくなってしまうからです。

小鳥さんの声……先生１人や近くのお友だちと話す時の小さな声

犬さんの声……５～６人の人たちにきこえるふつうの声

ライオンさんの声……教室のみんなにきこえる大きな声

など、声の大きさを決めておくのも方法です。

④授業中の立ち歩きはしない

勉強している時は、教室の中を勝手に歩き回ったり、お友だちのいるところへ行ったりしてはいけません。

先生が「こちらに来てください」と言った時と、気分が悪かったり、トイレに行きたい時はべつです。（遠慮しないで先生のところへ来てもいいですよ。）

でも、トイレはできるだけお休み時間に行っておくほうがいいですね。身体のぐあいが悪いときは、となりの人に言って先生に知らせてもらってもいいです。

■3つのルール■

教室の決まり

これらの決まりをまとめた文を、ときどき出して、子どもたちに読み上げてもらうといいですね。

いつも教室に張り出しておく必要はないでしょう。

お友だちと仲良くするために

子どもたちどうしのトラブルをなくすためには、このようなルールも必要と思います。

トラブルが起こった時など、声に出して読んでもらったりして、みんなで確認しあいます。

事故防止のために

学校や教室での子どものけがは、不可避的に生じるものです。

これも、ふだんからルールを、子どもたちと話し合っておくことが大切です。

保護者のみなさんにも、こうしたとりくみを行なっていることを話しておきましょう。

責任回避のためのアリバイづくりではありませんが、

「先生は日ごろから何をやっていたんだ」

と問われる場合もありますから……。

きょうしつの　きまり

がっこうで　べんきょうが　はじまる　ちゃいむが　なったら　きょうしつに　はいります。

きょうしつでは　じぶんの　いすに　すわって　せんせいのくるのを　まちます。

きょうしつで　こたえたり　おはなししたい　ときは　「はい。」と　おおきな　こえで　いって　てを　あげます。

せんせいに　なまえを　よばれたら　はなします。

きょうしつでは　かってに　たって　あるきません。
といれの　ときや　きぶんが　わるくなった　ときは　せんせいの　そばに　あるいて　いって　わけを　はなします。

おともだちと　なかよくする　ために

大きな　こえで　おともだちを　せめたり　たたいたり　けったりは　しません。

いいたい　ことや　こまった　ことは　はっきり　いいます。
いえない　ときは　せんせいに　かわって　いって　もらいます。

こまった　とき　ないたり　しないよう　がんばります。

ないたら　あとで　せんせいに　わけを　きいて　もらいます。

おともだちが　いやがる　わるぐちは　いわないようにします。

みんなと　なかよく　あそべるように　がんばります。

がっこうで　けがを　しない　ために

きょうしつの　中では　ボールを　なげたり　はしりまわったり　しません。

まどわくに　のったり　たかい　ところへ　のぼったりとびおりたり　しません。

きょうしつから　ろうかに　はしって　とび出しません。

ろうかは　はしらずに　右がわを　あるきます。

うんていや　ジャングルジムや　てつぼうや　ブランコは　おっこちないよう　気を　つけて　あそびます。

ふざけて　ともだちを　けが　させないように　気をつけて　あそびます。

授業の前の基礎・基本

正しい姿勢と座り方

さて、毎日の学校生活の中で基本となるいくつかをとりあげておきましょう。「あたりまえ」と思われることも、１から確かめておきましょう。

よいしせいで、らくに
すわるすわりかたを
しましょう。

ノートや
かみを
おさえる。
こしをつける。
あしのうらを、
ゆかにつける。
にぎりこぶしぐらいあける。

こんなに
ならないでね。

★エンピツとハシの持ち方

大人でもヘンテコな持ち方をする人が多くなっています。先生も例外ではありません。

●エンピツの持ち方の指導（例）

①エンピツのけずってあるほうをこちらに向けて、机の上に置いてください。

②けずってあるところの少し上の部分（A）を親指と人差し指でつまんでください。

③エンピツのおしりの部分（B）を左手でつまんで持ち上げ、右手の親指と人差し指の間（C）に、「よいしょ」と倒してください。

④右手の中指、薬指、小指を軽くにぎってください。

【ポイント】

1　中指の内側がエンピツに当たるように。

2　人差し指は「お山の形」になるように。

3　親指と人差し指の先がくっつかないように。

4　指に力を入れすぎないように。

【注意】

親指と人差し指で、エンピツを巻き込むように持ってしまいがち。気をつけて。

●ハシの持ち方の指導（例）

①ハシを図のように持ちます。
②上のハシは親指の先と、人差し指・中指で支えます。
③下のハシは親指の根本と薬指で固定します。

【ポイント】

1　2本のハシの先端がそろうように。

2　上のハシは人差し指と中指で自由に開閉できるように。
（鳥のクチバシのようにパクパクと。）

「豆つまみ」などをゲーム化して遊びながら練習するとよいでしょう。
（悪いくせがついている子は、時間をかけてゆっくりと修正します。）

上のハシは親指、人差し指、中指で支える。

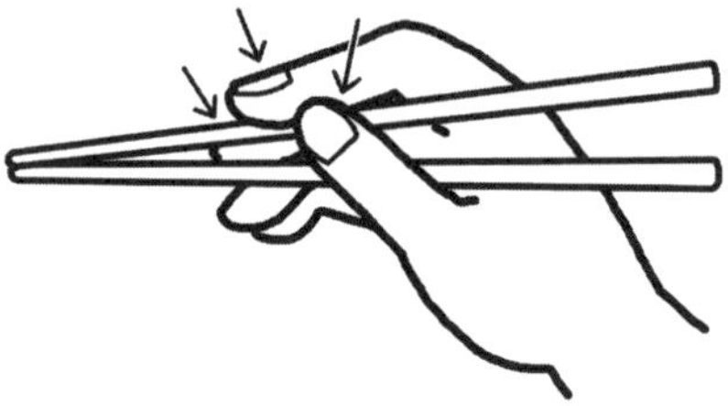

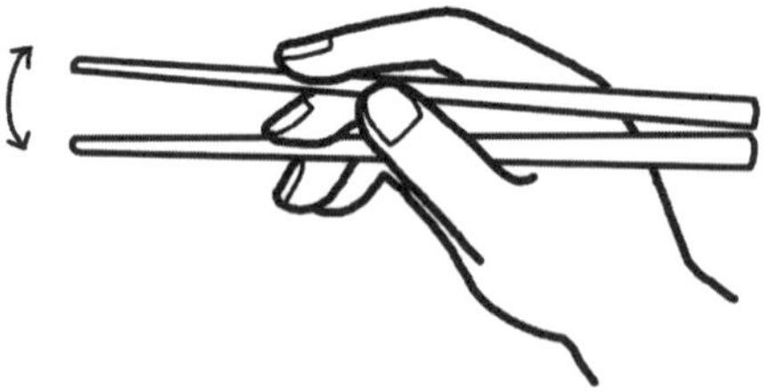

練習シート

エンピツ　つかいの　れんしゅう

まっすぐ　えさまで　とんでいこう。

みぎから　ひだりから　どれを　たべようかな。

かたつむりさんの　さんぽ

ぐるぐる　なんかい　まわるかな。

あっちへ　よったり。

こっちへ　よったり。

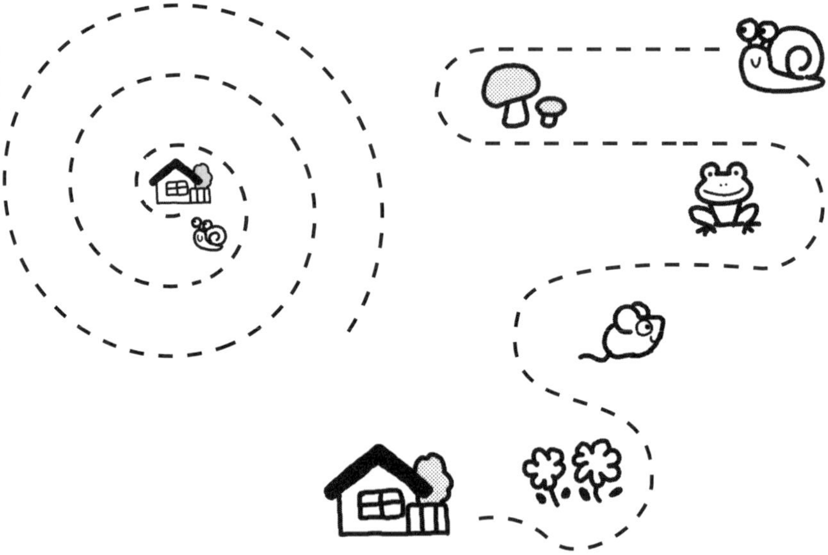

うえ　した　うえ　した

ぐる　ぐる　ぐる

なんども　やって　みましょう。

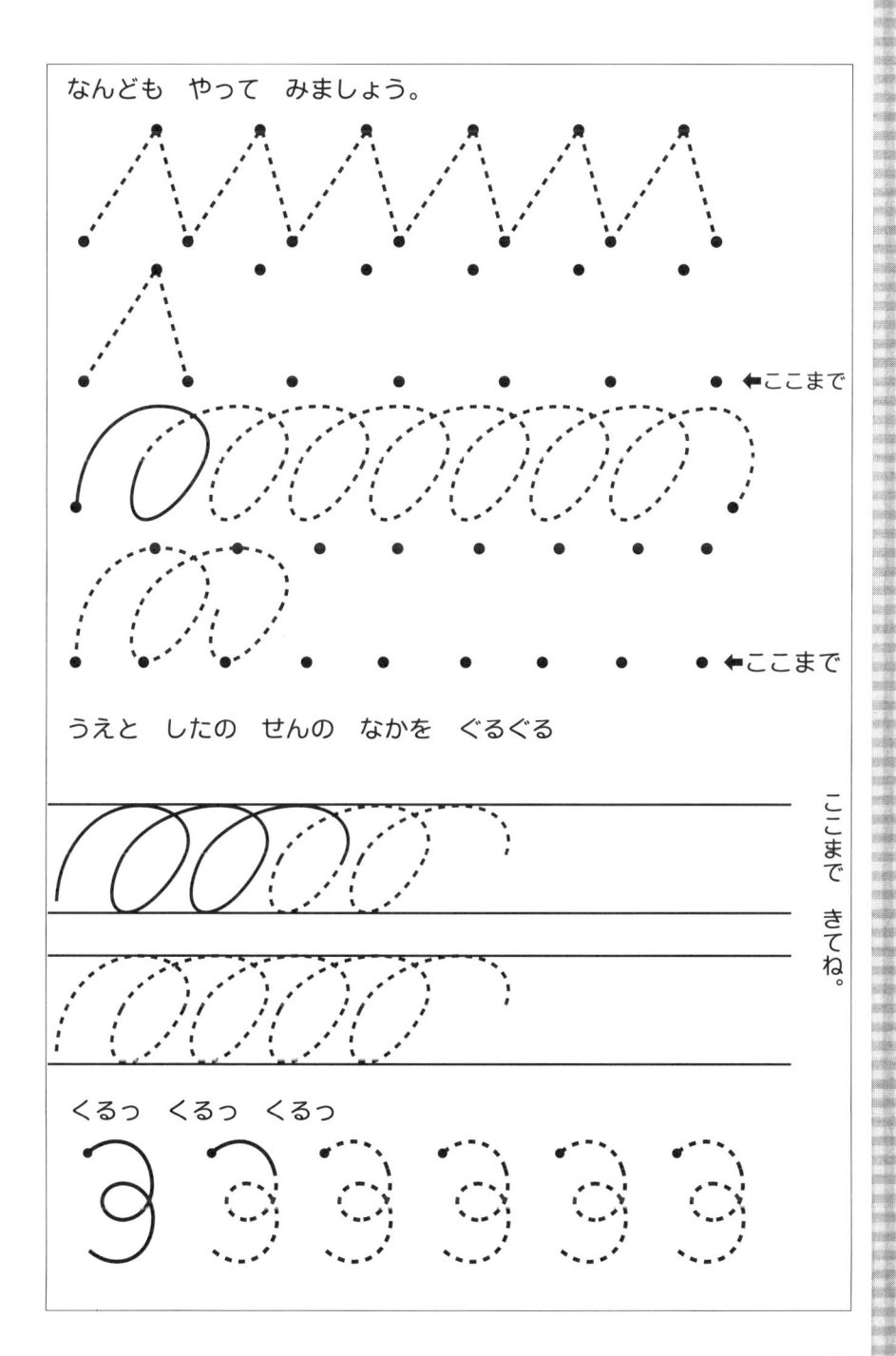

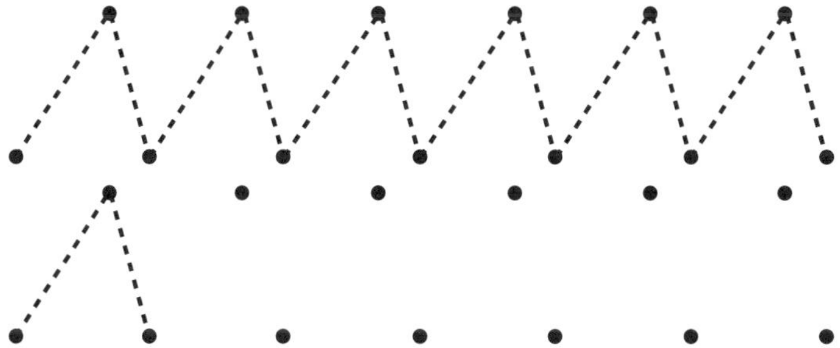

⬅ここまで

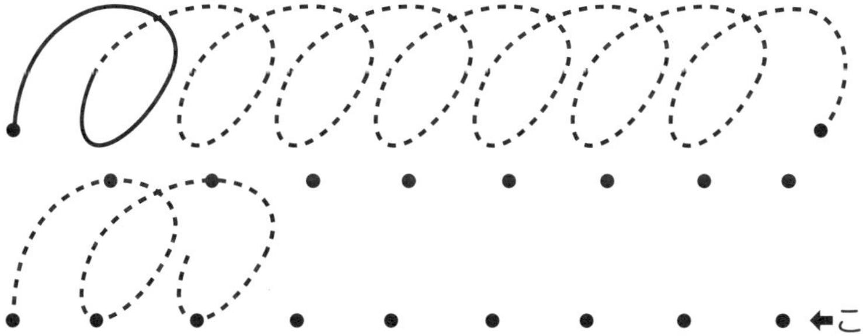

⬅ここまで

うえと　したの　せんの　なかを　ぐるぐる

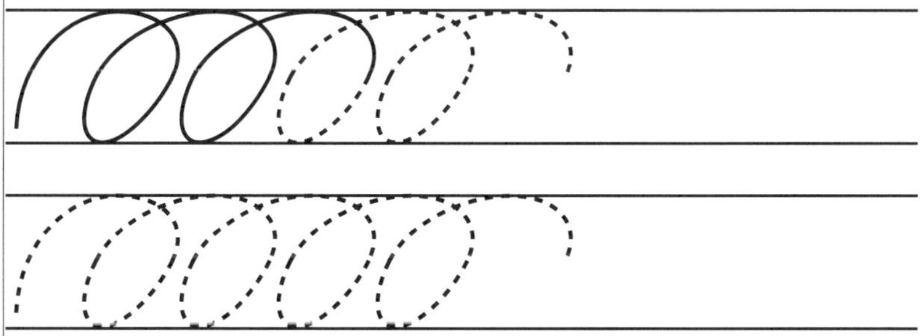

ここまで　きてね。

くるっ　くるっ　くるっ

たねから　すっと　めが　でるよ。

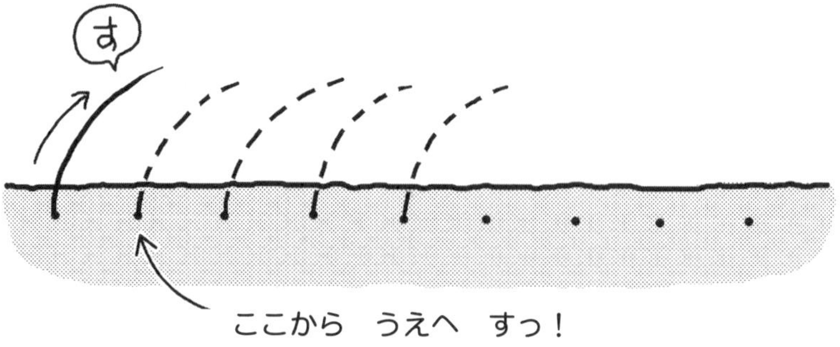

ぐにゃ　ぐにゃ　ぐにゃ

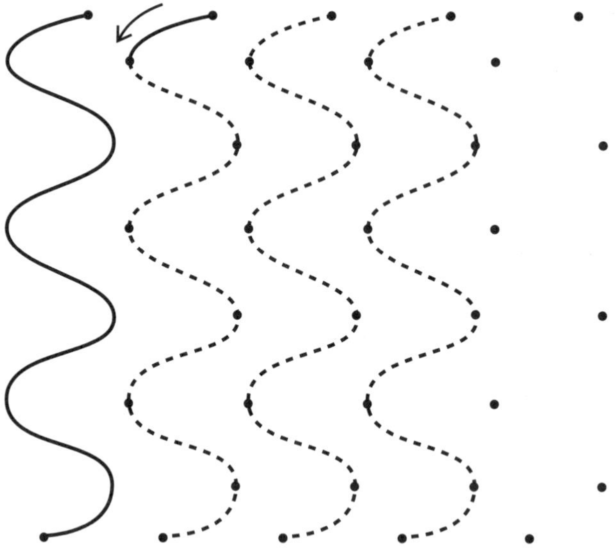

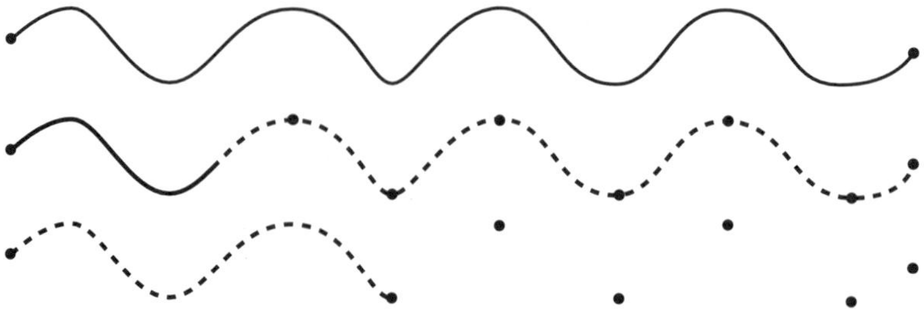

■保護者のみなさんとともに■

座り方・エンピツやハシの持ち方など、子育ての基礎・基本と関連のある問題については、保護者会などでも話題にして、いっしょに考えていくのが好ましいと思います。

「土台を築く」ことが大切ですから、各家庭で日ごろから問題意識をもって取り組んでもらうようにしましょう。

しかし、近年は家庭での「しつけ」のありようも、かなり基本があいまいになっています。

「近ごろの親は……」と嘆息したり、「親も教育する」と肩ひじ張るのではなく、いっしょに考え合っていきたいものです。

それでも、

「子どもと同室で喫煙しながらテレビ」とか

「下校中の子どもといっしょにファーストフード店で食事」といった「おかしさ」については、やさしく指導することも必要でしょう。

若い親の中には、自分もそのように育ってきて、

「どうしてそれがいけないの？」と思っている方もいますから……。

★食事の問題

「できるだけ添加物のない食材を」

「多量に甘味料のはいった飲料（缶ジュースなど）はさける」

「レトルトやファーストフードの多用は禁物」といった子どもへの配慮がなぜ必要なのか、考え合います。

基本的生活習慣の問題

　１日のスタートから節目のある生活をし、生活の上での自立をうながすようにしましょう。

　「きちんとする」はりっぱな徳目です。これには親自身の生活態度も大きく反映しますから、基本は大人の問題ということもできます。

親もパジャマのまま朝食とは……
しかもタバコまで……

アドバイスの仕方を考えて

　子育てで大変そうな若いお母さんには、

　「いろいろ大変だけど、がんばってるわね」という共感の感情を表わしつつ、

　「近ごろ○○ちゃんは忘れ物が多いんだけど、ちょっとカバンの中を見てあげてね」「ひと声かけてあげてね」とアドバイスしてあげましょう。

親しみのある態度で対話を

「教えこむ」は親に
対してもタブー

連絡帳を活かして

低学年では、「学級だより」とあわせて、個々の親との連絡帳が果たす役割は大きいと思います。もちろん何十人もの親に書くのは大変ですが。

例えば、「風邪で休みます」としか書かれていない連絡帳には、

「○○ちゃんの具合はいかがですか。今日勉強したことのポイントは算数の繰り上がりでしたが、○○ちゃんが出てきたら、個別に指導いたしますからご安心ください。ちなみにプリントと学級だよりをお読みになっておいてください」

といった一文を書きそえて、近所の子に届けてもらいます。

へのかっぱカード

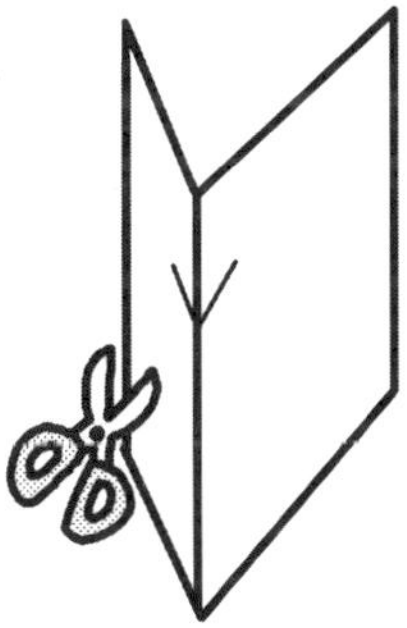

お休みした子どもに対しては、連絡帳に「へのかっぱカード」をはさんで届けます。あらかじめ作っておいてもいいし、即席でさっと作ってもいいでしょう。

●つくり方

色画用紙を半分に折って、はさみで切れ込みを入れる。

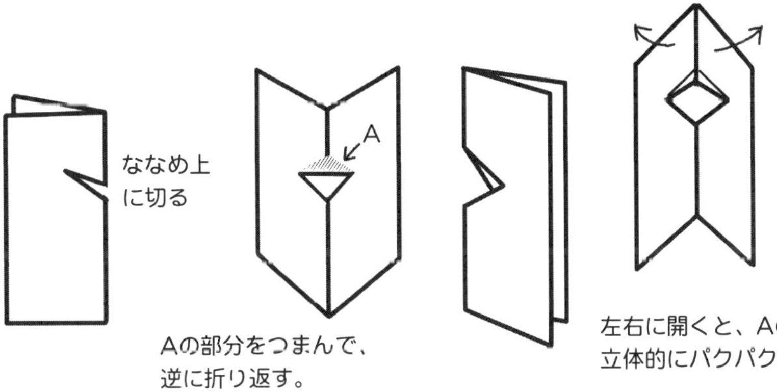

Aの部分をつまんで、
逆に折り返す。

左右に開くと、Aの部分が
立体的にパクパク動く。

切れ込みを口にして、
かっぱの絵をかき、
文をそえる。

こうした「手のこんだ」ものでなくても、「お見舞いカード」を何種類か作っておいて、一筆書きこんで届けるとよいでしょう。

保護者の意見を「学級だより」に反映

あらかじめ保護者当人の許可をいただいて、保護者の意見を転載させていただくことも有効です。

そのさい、名前を出していいかも了解を得るようにします。

離任式　２年生の取り組み

２年生にとって初めて経験する離任式です。

１年生の担任だった先生が、転任してしまうケースも、まれにはあります。その場合、子どもたちにはかなりのインパクトが生じ、多くの子が大泣きしてしまった例もあるのです。

ただ、そうしたことも教育の１つの「チャンス」と私たちはとらえて、よりよい結果が残るよう配慮することが大事です。

かなしいことだけど

そういうめぐりあわせになった２年生には、一定期間（始業式で担任が判明してから離任式までの間）の心の準備が必要です。

「おわかれのことば」の作文も、心をこめて書けるよう用意します。

とても「貴重な」題材ですから、担任は転任する先生との思い出を子どもたちとたどりながら、内容を考えていきます。

式に時間的余裕があれば、おわかれの合唱や合奏にも取り組むとよいでしょう。

おわかれの冊子の一文を代表が読み上げ、花束を渡すだけのセレモニーにしない工夫が必要です。

すべて同一でなく、いくつかのデザインを用意する。
（色も塗れるようにして）

1年生を迎える会

………新年度入学式　2年生の取り組み………

■「歓迎のことば」の準備■

「かんげいのことば」（例）

○１ねんせいの　みなさん。
○ごにゅうがく、おめでとうございます。
（全）お、め、で、と、う、ご、ざ、い、ま、す。
（おめでとうのカードを順に高くかかげる）
○みなさんが　にゅうがくするのを
○たのしみに　まっていました。
○（　　　）しょうがっこうは　とても　たのしい　ところです。
（全）とても　たのしい　ところです。
○わたしたちは　（　　　）しょうに　きょねん　にゅうがくしてから
○まいにち　たのしく　あそびました。
○たくさんのことを　べんきょうしました。

○いろんなことが　できるように　なりました。
○こくごの本が　すらすらよめるようになりました。
（３～４人が交代で、教科書を５～６行ずつ朗読する）
○なわとびも　できるようになりました。

（５～６人が体操着で前に出る）

（司会役の子が笛を持ち、「前とびです」「あやとびです」「交差とびです」「２重とびです」などと紹介し、笛の合図でとんでみせる）

○5がつから　きゅうしょくが　はじまります。

○きゅうしょくは　とても　おいしいので　たのしみに　していてください。

（給食の割烹着と帽子をかぶった数人が前に出て、パン、牛乳、おかずなどの絵をかかげてみせる）

○えんそくや　うんどうかいが　あります。

○あきには　ことしは　がくげいかいも　あります。

○ほかにも　たのしいことが　たくさん　あります。

（全）たのしいことが　たくさん　あります。

○にゅうがくの　おいわいに　わたしたちで　がっそうを　やります。

○きょくは　（　　　　）です。

（校歌や、新１年生と一緒の歌遊びでもよい）

○１ねんせいの　みなさん

○あしたからも　げんきで　（　　　　）しょうへ　きてください。

○わからないことが　あったら　ぼくたちや　おにいさん　おねえさんたちに　なんでも　きいてください。

○きょうから　わたしたちと　いっしょの　（　　　　）しょうの　なかまです。

○みんな　なかよく　しましょう。

（全）なかよく　しましょう。

●学校の状況に応じて内容は変えます。
時間は５～６分くらいで取り組めるものにしましょう。

最初の2カ月

学級づくりがどうやら軌道に乗ってきたところで、生活科などを利用した行事づくりに取り組みます。

■学級お楽しみ会づくり■

学級のお楽しみ会や誕生日おめでとう会を企画します。

誕生日会は、４月から定期的に開くわけですから、１つのパターンを決めて取り組んでもいいでしょう。

★誕生日おめでとう会

①誕生日を迎える子の紹介とお祝い

手作りのペンダントやレイなどをプレゼントします。

②お祝いのことば

クラスの何人かに「○○ちゃん、おたんじょうびおめでとう」というお祝いのことばを書いてもらって読んでもらう。

全員にカードを書いてもらってもよいでしょう。

クラス全員でなく、何人かに書いてもらっても。

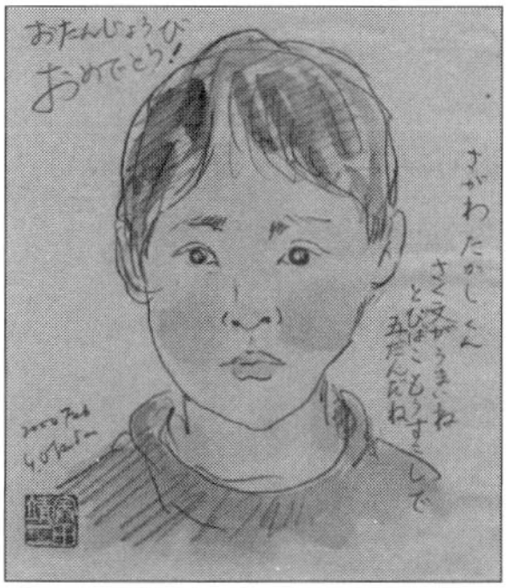

③歌や合奏、ゲーム……

あまり長時間にならないように。グループでの発表や、先生も参加して。

（私は子どもの似顔絵をかいてプレゼントしています。写真を撮ってあげても。保護者も大喜びです。）

④お返しのことば

「私は７歳になったので、お勉強をがんばろうと思います」

「鉄棒でさか上がりができるようにがんばります」

「けんかをしないようにします」

など、誕生日を迎えた子から「決意表明」的なひとことを発表してもらいます。

言えない子には教師がアドバイスします。

⑤クラス全員で

クラスのテーマソングや「ハッピーバースディ」の歌を歌います。

★例えばこんなゲームを

●ウー　シュワッチ

①「ウー」

先生は両手を後ろにかくします。

同時に子どもたちもかまえます。

②「シュワッチ」

かけ声とともに、先生はABCいずれかのポーズをとります。

同時に、子どもたちもABCいずれかのポーズをとります。

③先生と同じポーズを選んでしまった子は負け、すわります。

※始める前に

かけ声とともに３つのポーズをとる練習をしておきます。

「ポーズはかけ声と同時、あとだしはダメだよ」と決めておきます。

※同じルールで「どらえもんジャンケン」も

ドラドラドラドラ
ドラ・・・
のびた！
（めがね）
ジャイアン！
（力こぶ）
しずかちゃん！
（リボン）
どらえもん！
（耳がないから）

●ニョロニョロどじょう

①全員で輪になって座ります。
②図のように右手のてのひらを広げ、左手の人差し指を左側の子のてのひらにおきます。

ニョロニョロニョロ
ドキ・・
ドキ
どじょう!!
サッ
ちっ

③「ニョロニョロ」

リーダーの声に合わせて、左手の指でとなりの子のてのひらをコチョコチョくすぐります。

④「どじょう！」

合図があったら、てのひらを閉じてとなりの子の指をつかむと同時に、自分の左手の指はつかまれないように逃げます。

リーダーは「ニョロニョロ」の回数を変えたり、声に強弱をつけてフェイントをかけ、「ニョロ！」とみんなのフライングをさそうと大爆笑です。

★例えばこんな合唱を

●かえるの夜まわり

これはジェスチャーもまじえて歌います。

かえるの夜まわり（手をたたきながら）
ガーコ、ガッコ（２回手をちぢめて）
ゲッコ（手をつき出して）
ピョーン、ピョン（手を上に開いて指をはねる）
ラッパふけ、ラッパふけ（手でラッパを吹くまね）
ガッコ（ちぢめる）
ゲッコ（つき出す）
ピョン（はねる）
もっとふけ、もっとふけ（吹くまね）
ガッコ（ちぢめる）

ゲッコ（つき出す）
ピョン（はねる）
ガッコ、ガッコ、ガーコ（３回、ちぢめる）
ピョンコ、ピョンコ、ピョン（３回、はねる）
ゲッコ、ゲッコ、ゲーコ（3回、つき出す）
ピョンコ、ピョンコ、ピョン（３回、はねる）
ガッコ、ピョン（ちぢめて、はねる）
ゲッコ、ピョン（つき出し、はねる）
ガッコ、ゲッコ、ピョン（ちぢめ、つき出し、はねる）

ガーコ、ガッコ　ゲッコ　ピョーン、ピョン　ラッパふけ

かえるの夜まわり

かえるのよまーわり　がっこがっこ　げっこ　ぴょーんぴょん
らっぱふけ　らっぱふけ　がっこ　げっこ　ぴょん　もっとふけ　もっとふけ
がっこ　げっこ　ぴょん　がっこ　がっこがーっこぴょんこ　ぴょんこ　ぴょん　げっこ　げっこ　げーこ
ぴょんこ　ぴょんこ　ぴょん　がっこ　ぴょんげっこ　ぴょん　がっこ　べっこ　ぴょん

●ググピン

この歌は、リズミカルで調子よく、１年生は歌詞を見せなくても、口うつしで覚えてくれます。

ゆっくりからだんだん早口にしていったり、息つぎをしないで何回歌えるかを楽しみましょう。

ググピン

は と と　とんびと　やまどりと きじと
かりがねと　うぐいすが　いっしょに　なけば
ググピン　ググピン　ピンカラ　ショッケン　そーら　ケンケン
ケンチャカ　チャーの　チンチロリンの　ホーホケ　キョ

＊かりがねとは、渡り鳥の一種。ガンの昔の呼び名です。

●こんめえ馬

「小さいからってバカにするな」という１年生の思いがあるのか、元気いっぱい歌います。

こんめえ馬

こんめ え う ま だちゅうて ば か にすんで ね や
い まーん み ろ で かーく なって の ばらをか けるだ ど
おら をのっげ で は や て の ように おら をのっげ て な あ あ
おら をのっげ で は や て のように おら をのっげで な

学習指導スタートのポイント

この本では１年生に重点をおいていますが、これを１つの例として、ひらがなを漢字にしたりとレベルを上げれば、２年生に適用できます。

■楽しい国語■

★文字は「つくし」から

ひらがなの練習に、むずかしい「あ」からはいる必要はありません。１筆で書くことができる「つ」「く」「し」から始めましょう。できれば本物のつくしを教室で見せながら教えると効果的です。

また、２筆でかける「い」「こ」「り」「と」「う」と合わせて、「いし」「ことり」「いと」などに進むのもよいでしょう。

１筆だけれど形のとりにくい「そ」「の」「ん」「ろ」「る」「ひ」は、教師自身も形に注意して教えましょう。

いざ書くとなると、教師にとっても、正しく美しいひらがなは、むずかしいものです。

まちがえやすい例

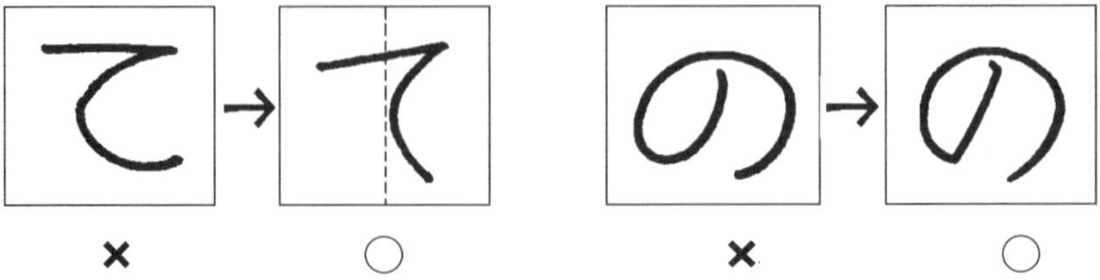

はねてカーブする
ところに注意

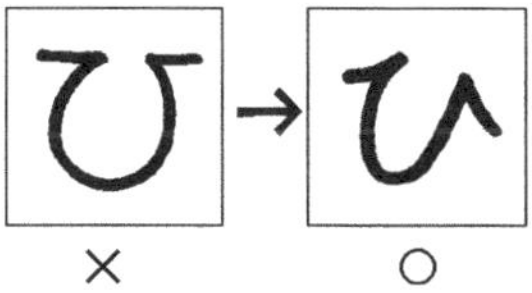
ひ → ひ
×
○

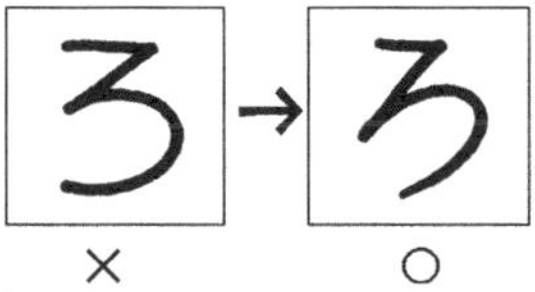
ろ → ろ
×
○

丸いところのつぶし方

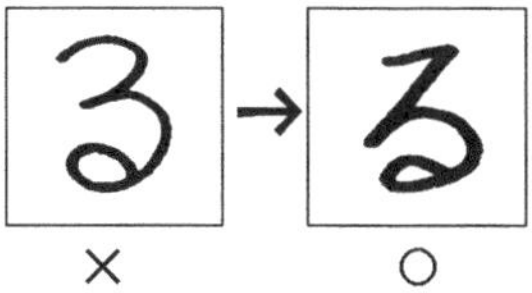
る → る
×
○

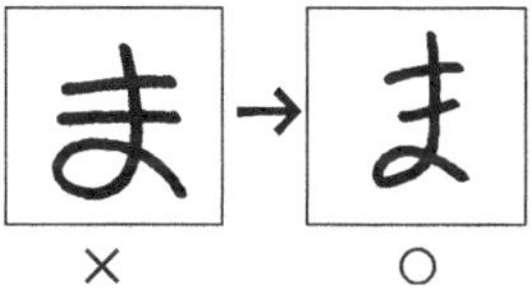
ま → ま
×
○

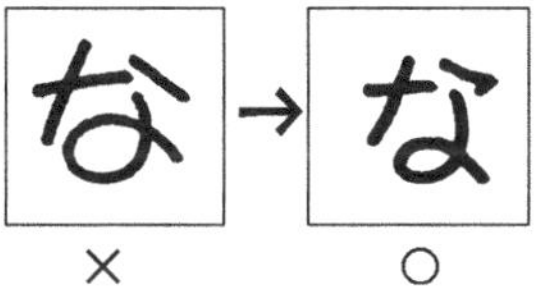
な → な
×
○

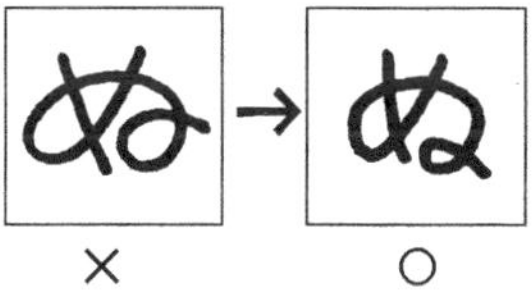
ぬ → ぬ
×
○

下の丸みがまん丸に
ならないように

とくに「ふ」は
むずかしいです。

ふ
×

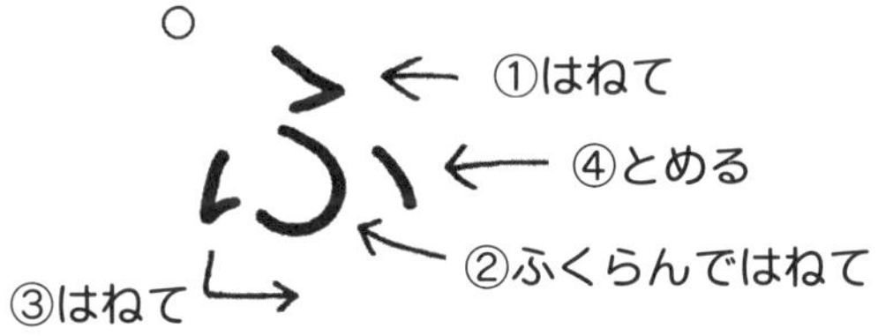
○
ふ
①はねて
④とめる
②ふくらんではねて
③はねて

「３の両側に点点」にならないように

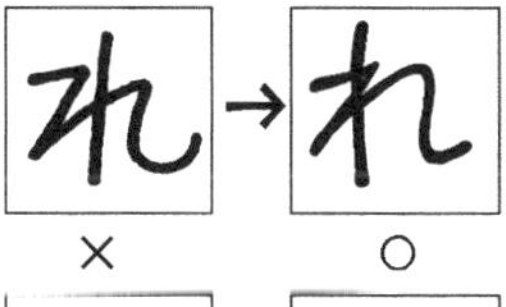
れ → れ
×
○

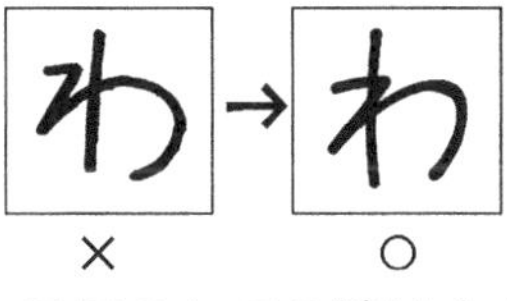
わ → わ
×
○

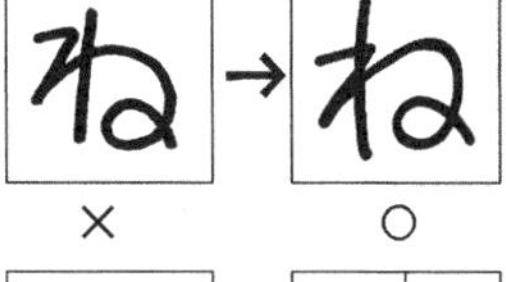
ね → ね
×
○

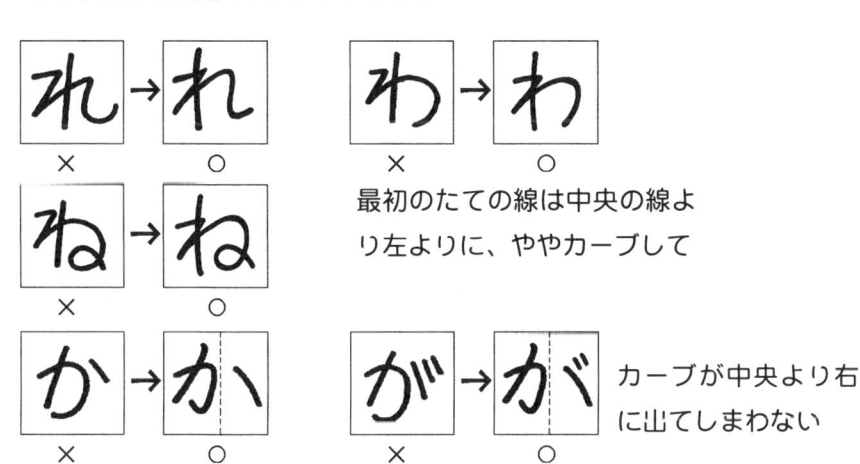

最初のたての線は中央の線より左よりに、ややカーブして

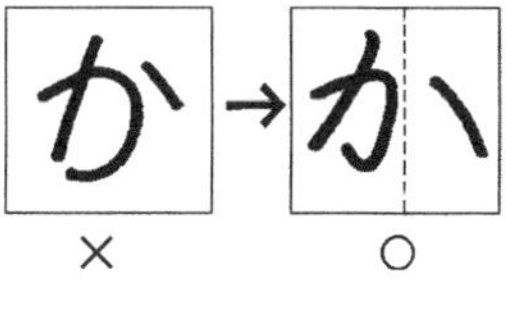
か → か
×
○

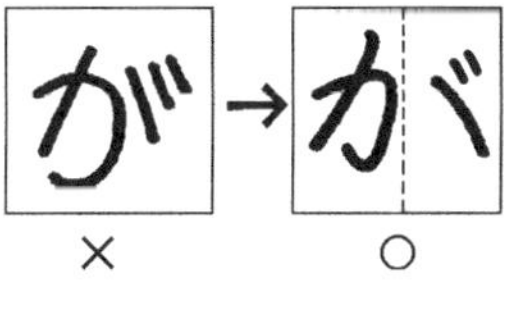
が → が
×
○

カーブが中央より右に出てしまわない

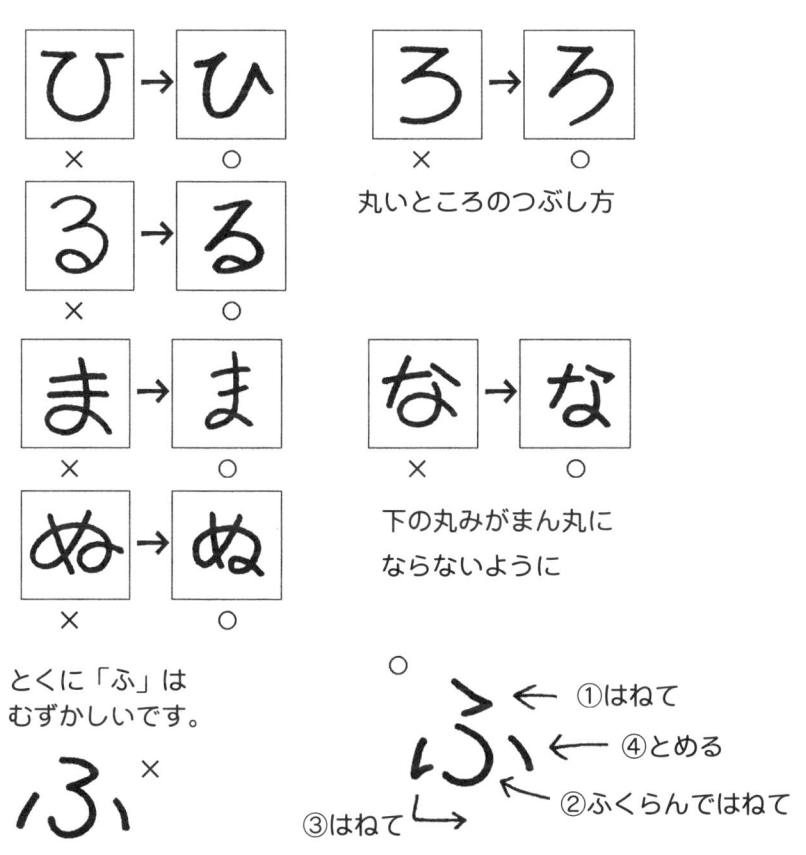

●教師の板書も美しく

とりわけ板書ではうまく書けるよう練習をしましょう。

子どもたちのノートのマス目に合わせて、小黒板に白ペンキなどで自分用のマス目を引きます。

少し手間がかかりますが、自分自身の文字を美しくするために、ぜひ活用してください。

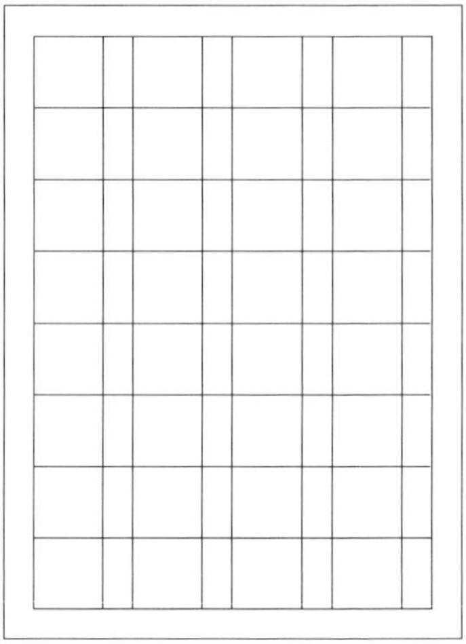

８マスが標準ですが、子どもの使用するノートに合わせてください。

算数用もつくるとよいでしょう。

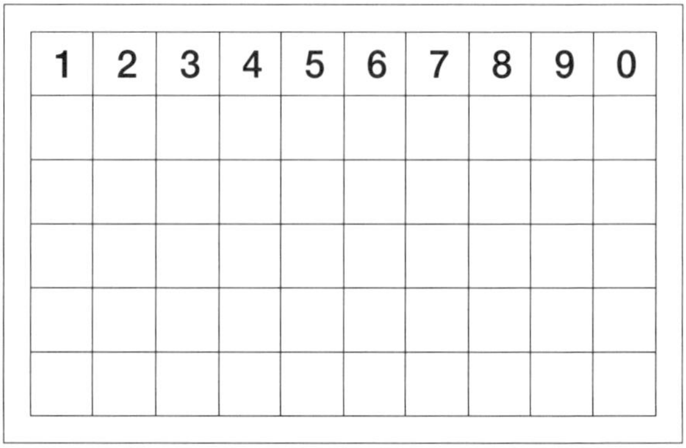

●まっすぐな線は溝付き定規で

直線をきれいに引くには、筆にわりばしを結びつけ、即席の「溝引き」をつくるといいですよ。

教師自身も練習して、板書もペン書きも達筆になりましょう。

子どもたちには87〜90ページのようなフォーマットを用意します。

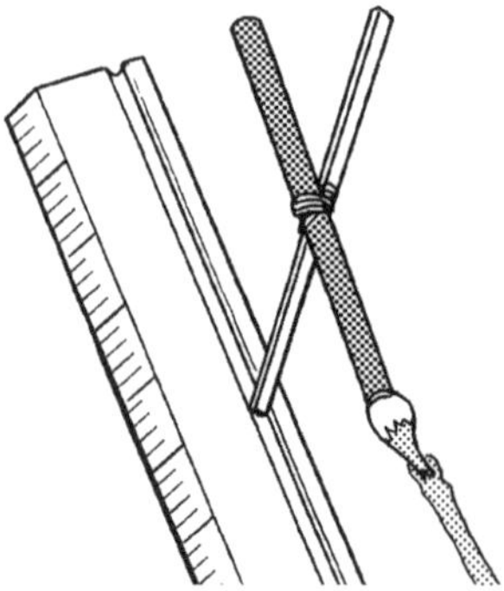

ひらがなのれんしゅう

／

なまえ

ことば と ことばの あいだは ひとます あけましょう

つくし

、つくし、つくし、つくし、つくし

このことばを つかって ぶんを つくってみましょう。

ゆっくり かきましょう。

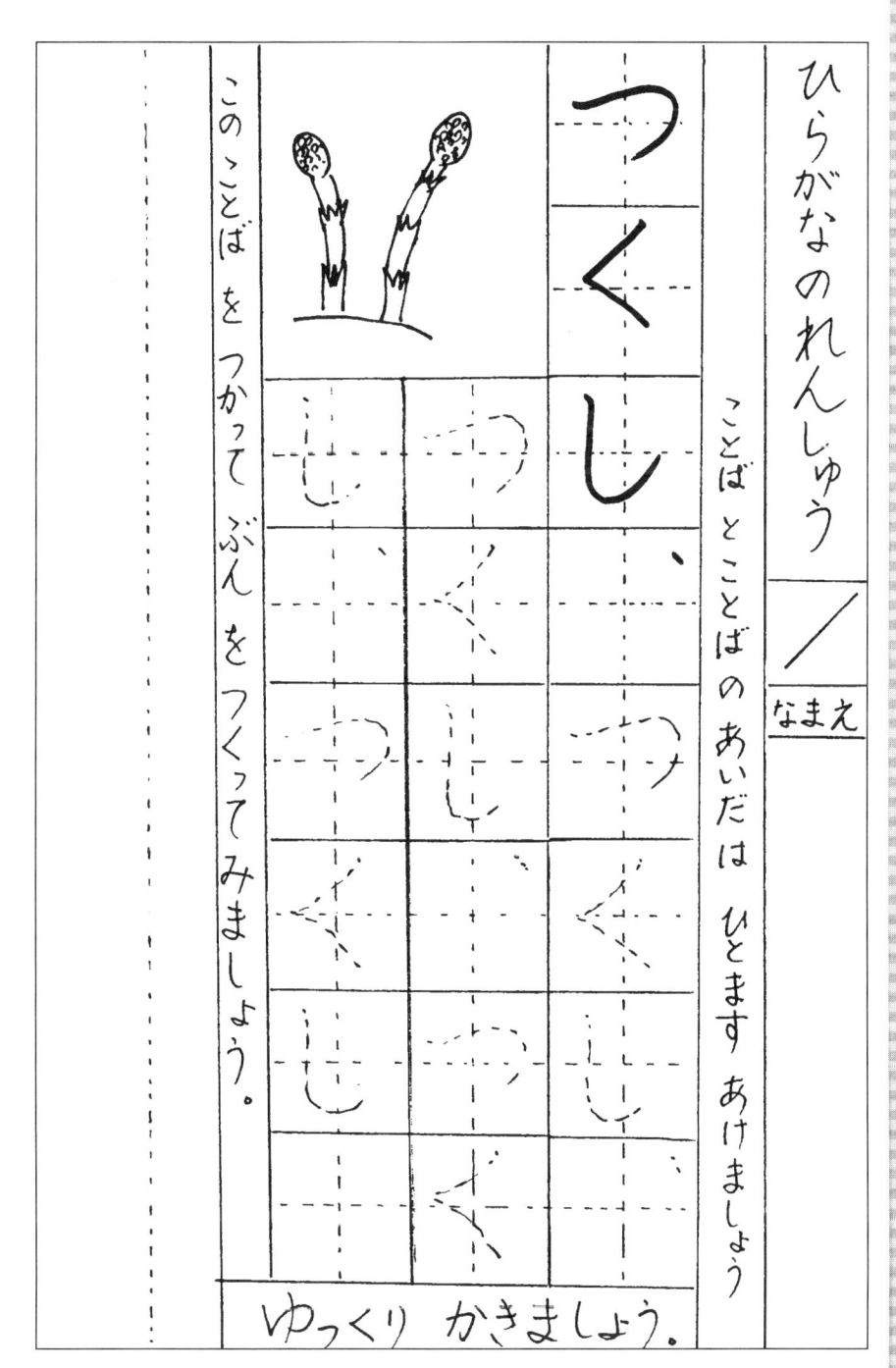

ひらがなのれんしゅう

なまえ

ことば と ことばの あいだは ひとます あけましょう

このことば を つかって ぶん を つくって みましょう。

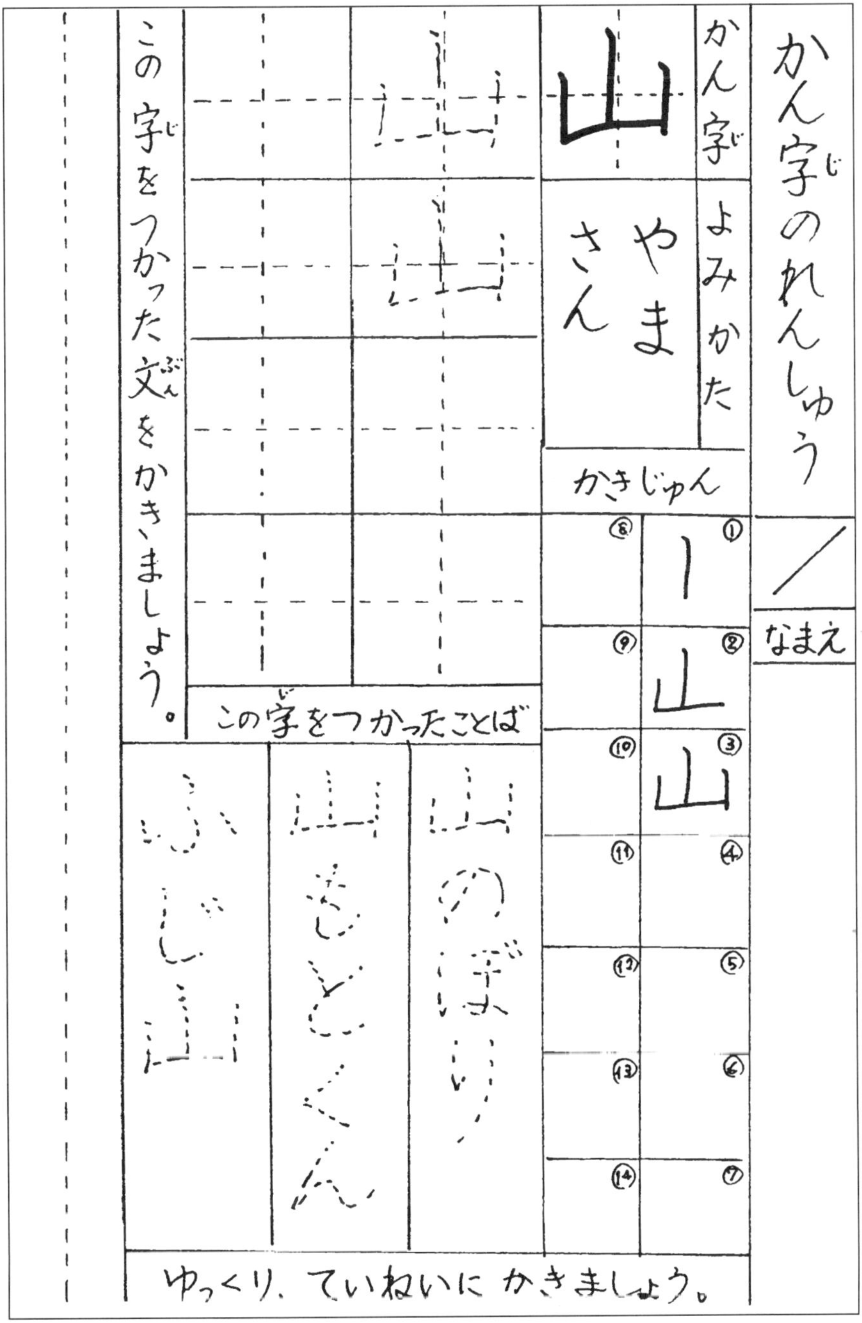
かん字《じ》のれんしゅう
なまえ
かん字《じ》
山
よみかた
やま
さん
かきじゅん
この字《じ》をつかったことば
山のぼり
山もとくん
ふじ山
この字《じ》をつかった文《ぶん》をかきましょう。
ゆっくり、ていねいにかきましょう。

かん字《じ》のれんしゅう

なまえ

かん字《じ》

よみかた

かきじゅん

① ② ③ ④ ⑤ ⑥ ⑦ ⑧ ⑨ ⑩ ⑪ ⑫ ⑬ ⑭

この字《じ》をつかったことば

この字《じ》をつかった文《ぶん》をかきましょう。

ゆっくり、ていねいに かきましょう。

★漢字は短い文を読みながら

漢字は１字１字書き順を示して教えるより、短いまとまった文として、読みながら覚えると効果的です。

配当漢字がいくつかはいった文を音読すれば、まとまった熟語や文として「読める」ことによって、直感力が培われ、「何となくわかる」という効果もあります。

まだ習っていない漢字も、ルビをふって使ってよいでしょう。

●怪獣も薔薇も読めるよ

べつに「英才教育」をねらって難解な漢字を教えよ、というわけではなく、ゲーム感覚で漢字に対する興味を抱かせるために、こうした字を与えてみるのもおもしろいでしょう。

子どもの直感力や記憶力は大人を上回ることがあります。

「すごーい、こんな字読めるの！」

とほめられて、いっそう漢字博士ぶりを発揮する子もいます。

●短文の例は教師が考えて

「青い空に白い雲が見えています。」

「林や森にはたくさん木があります。」

「○○先生は男で、○○先生は女です。」

など、子どもたちの実態に合わせて、漢字の例文を考えてみてはいかがでしょうか。

教師の名前はむずかしい漢字でも読める子もいます。

童書のすすめ

低学年の書き方は硬筆習字ですが、毛筆を使った「童書」に取り組むのもおもしろいと思います。

童書は文字どおり童（わらべ）の書。現代の書家にも、その無心を評価する人がいます。

２年生では、３年からの毛筆習字の導入として扱ってみましょう。

●用意するもの

●墨液

●墨液の容器

（茶碗など少し丸みのあるものがよい。穂先を整えるさいに便利）

●太筆

（根本までおろしておく）

●和紙

（版画用和紙がしっかりしていて書きやすい。大小さまざまなサイズを用意しておくとよい）

●書く文字は自由

①子どもたちが自分の好きな文字、文章を決めます。

（ひらがななら２～３字、漢字なら１～２字）

②好きな大きさの和紙を選ばせます。

③グループごと、あるいはクラス全員が交代で文字を書いていきます。

④自分の名前をサインさせる場合には、細筆を用意するときれいです。

名前の字みーっけ競争

各班に1枚ずつ
新聞紙を
あげます。
この中から、班の人
の名前に使われて
いる字を見つけ
ましょう。
見つかったら
色エンピツで
丸をつけてね。
漢字、ひらがな、
カタカナ、何でも
いいよ。

各人に1枚ずつ配ってもいいでしょう。

例えば学校の名前や住所など、共通の問題で競争するのもおもしろいです。

ここに「川」
がある。
裏も見て
いい？
ぼく、「ほりごめし
ょうじろう」だから、
大変だよ。
えーと、ほ、ほ、
ほの字は・・

はい、3班が1番。
みんな探せた
かな？

「さ」はいくつ？

これから楽しいおはなしをします。
おはなしが終わったら「問題」を
出すので、よーく聞いていてね。

さらさら、さらさら、さとうのような、こなゆきです。
「さむい、さむい」と、いいながら、さるのおやこが、さびしい　やまおくの　さるのうちで　ねていました。
さく　さく　さく……と、ゆきを　ふんで、さるの　うちへ　だれか　きました。
「さるや　さるや、さあ、とをあけて　でておいで」と、きた　ひとは　いいました。
「さあーて、だれだろう」「さっぱり　わからない」と、さるたちは　ささやきました。
「さっさと　おいで、さんたくろーずの　おじいさんだよ。さびしかろうと　おもったから、さがして　ここまで　きたんだよ。さんたくろーずの　おくりものを、さあ、どうぞ……」と、さんたくろーずは　いいました。
「さんきゅう　さんきゅう」と、うれしがって、さるたちは　さわぎました。
さんたくろーずの　おじいさんを　ざしきへあげて、さるの　ごちそうを　だしました。
「さるざけも　さしあげよう」と、さるの　おどりや、さかだちも　して　みせましたとさ。

平塚竹二童話全集・「いろはのいそっぷ」（童心社）より

さて、いまのおはなしの中に「さ」はいくつ出てきたでしょうか？
えーっ、そんなのいっぱいでわかんないよ！
50コ？
100コ？

※読みながら指を折り、正の字を書いて教えるとおもしろくなります。

声に出して、暗唱する

覚えた詩は、はじめは複数で、次に１人で、みんなの前で声に出して朗唱します。岩手県衣川小学校大森分校で積極的に取り組まれていた菅原恭正氏の朗唱指導は、とても参考になりました。

かたつむり（リュー・ユイの詩より）

かたつむり　おかしいな
目だまが　つのの上にある…………A

おかしくない　おかしくない
目だまが　上なら　よくみえる…………B

かたつむり　おかしいな
おうちを　しょってあるいてる…………A

おかしくない　おかしくない
てきにあったら　もぐりこむ…………B

かたつむり　おかしいな
おなかが　そっくり足になる…………A

おかしくない　おかしくない
足が大きけりゃ　あんぜんだ…………B

かたつむり　のろいなあ
うごかないのと　おんなじだ…………A

のろくたって　のろくたって
とまらなけりゃ　いいんだよ…………B
（A、Bの2グループに分かれて朗唱する。）

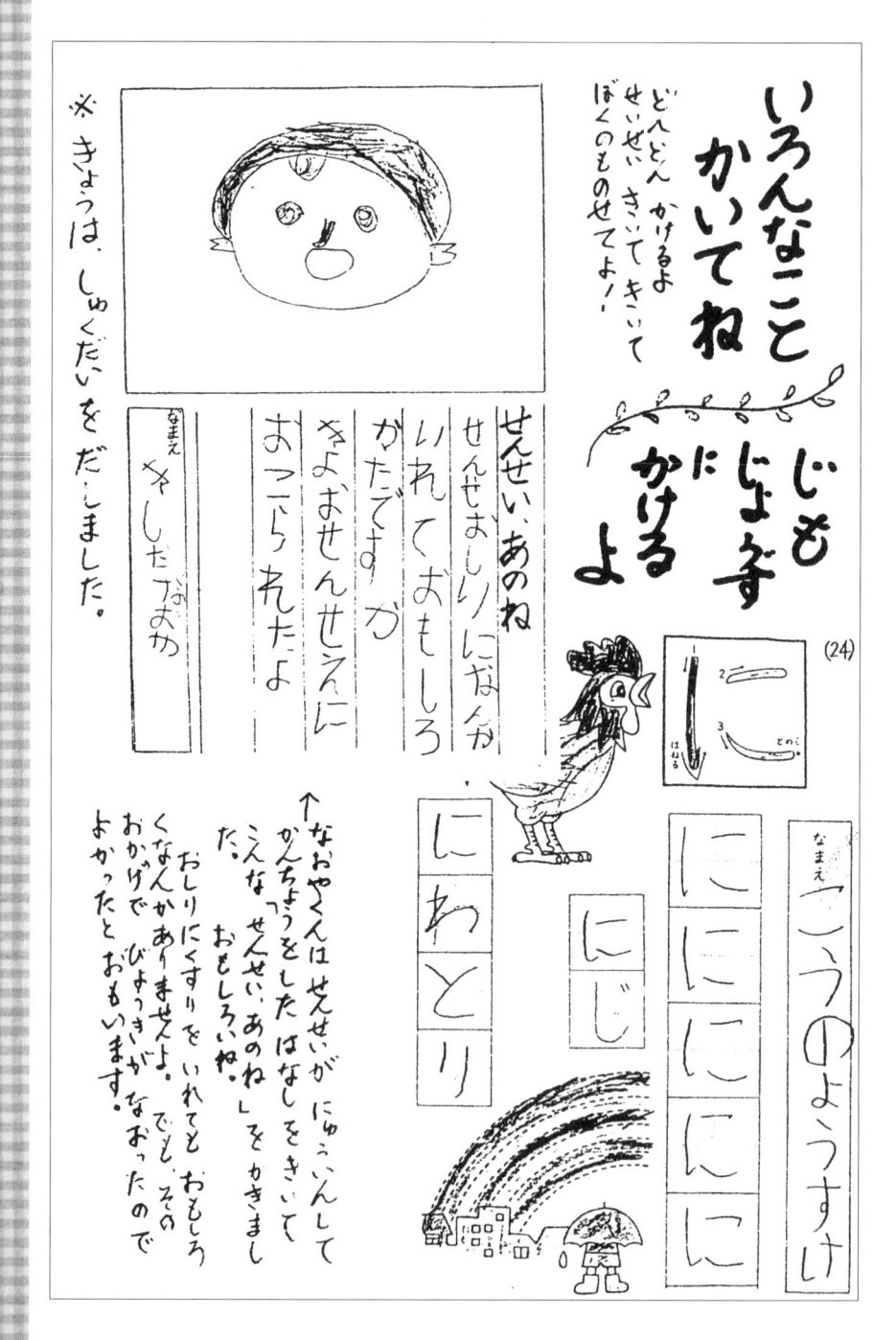

いろんなこと かいてね

どんどん かけるよ
せいせい きいて きいて
ぼくのものせてよ！

じも じょうずに かけるよ

(24)

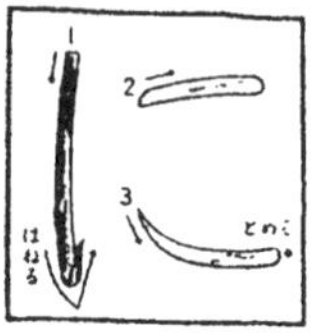

に
に
に
に
に

にじ

にわとり

なまえ こうのようすけ

せんせい、あのね
せんせいおしりになんか
いれておもしろ
かたですが
きよ、おせんせえに
おこられたよ

なまえ やしたなおや

※きょうは、しゅくだいをだしました。

↑なおやくんは せんせいが にゅういんして
かんちょうをした はなしをきいて
こんな「せんせい、あのね」をかきました。
おもしろいね。
おしりにくすりを いれても おもしろくなんかありませんよ。でも、そのおかげで びょうきがなおったので
よかったと おもいます。

寺田小学校
1ねん1くみ

あゆみ

NO. 36

げんこうようしに さくぶんを かきました。

はじめてげんこうようしに さくぶんをかきました。
げんこうようしのつかいかたは、いろいろ きまりが
ありますが、だんだん おぼ
えましょうね。
はやしさんは、ちゃんと
さいしょのひとますを
あけてかけましたね。

おとおさん
はやしはなの
きのおわちちのひでした。うち
のりょうわおとおさんにあげるも
のがないのでわたしたちがぺれぜ
んとおようりしてるのおみていま
した。わたしのおとおさんわ。い
つもしごとからかえてきたらさか
なつりにいきます。

おうちでも こういうかみ
をかってもらって、いつでも
ひきだしに いれておくと
かけますね。

どんどん
かきましょうね。

「さくぶんちょう」をかって
もらってもいいですね。
がんばってね。

■楽しい足し算■

20題も足し算が並んでいるプリントを渡し、

「何分でできるかな。よーい、はじめ！」

とストップウォッチ片手にやらせるのは、いかがなものでしょうか。

ゲーム感覚で、たまにやる程度ならいけないとは思いませんが、できるだけ「暗算」で楽しくやれればいいですね。

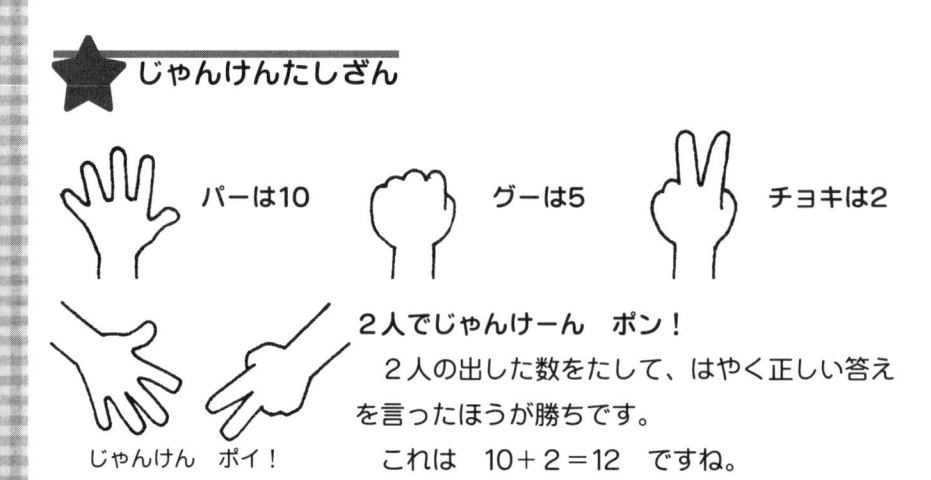

★じゃんけんたしざん

パーは10

グーは5

チョキは2

じゃんけん　ポイ！

2人でじゃんけーん　ポン！

2人の出した数をたして、はやく正しい答えを言ったほうが勝ちです。

これは　10＋2＝12　ですね。

2人の次は3人でやると、よりむずかしくなります。

ポイ！
えーと17だ！
つぎ、いくよ。
ポイ！
12！
もっといくー？
今度は4人だぞー。
えーと……19ですね！

★じゃんけんポイポイ

今度は両手を使います。

「じゃんけん」「ポイ」で右手、次の「ポイ」で左手を出します。

４つの数をすばやく暗算して、はやく正解を出したほうが勝ちです。

じゃーんけんポイ！　ポイ！

10＋5＋5＋2＝？

ポイ！　ポイ！
えーと・・・
19だよ！

5人、6人でやってもいいね。
むずかしいな。

■楽しい引き算■

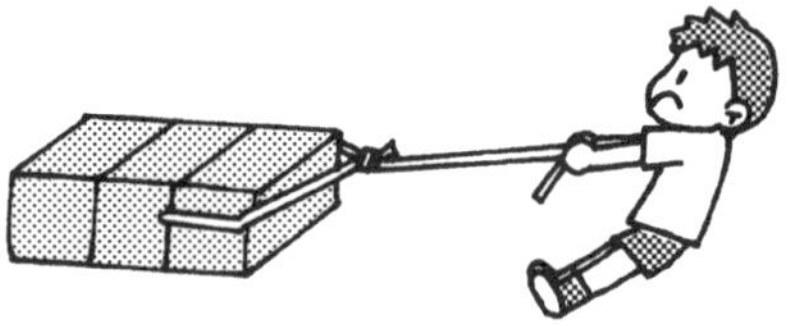

１年生にとって、初めての引き算は、最初の大きな「階段」です。

その第１段目、

３－２＝１

５－２＝３

７－５＝２

など単純な計算も、教室で教わる前にすでに「わかっている」子から、初めての引き算にとまどってしまう子までいます。

引き算の意味は、

「３ひく１は？　３こあるものの１つを、よっこいしょとひっぱってきたら、あとにのこるのは、いくつ？」

と、右のような図で説明すると、わかりやすくなります。

（箱やロープを使って実演すると効果的です。）

★引き算ボックスを活用して

①ティッシュペーパーの空き箱などを活用して、図のように加工する。

②片面を切り抜いて、透明のビニールなどを張る。

③真ん中に仕切をつける。

④上のふたがはずれるようにする。

まず5つの玉を箱の上から入れます。

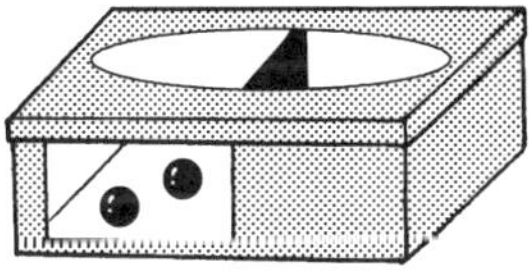

はい、５つ全部入れました。

左側の中が見えるほうに２つはいっていますね。

みなさん見えますね。

では、問題です。右側には何個はいっているでしょうか？

A君「３つでーす！」

えっ、どうしてわかったの？　A君にはこちらが透けて見えるのかな？　先生には見えないんだけれど。

A君「３つに決まってるよ。だって５つ入れて、見えてるほうが２つだから、こっちは３つだよ」

そう？　ほんとかな。じゃ、調べてみるよ。

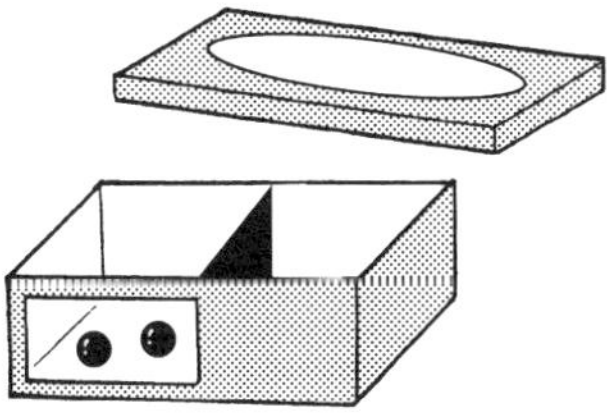

（ふたを開けて中を見る。）

１つ、２つ、３つ。あっ、３こだ。合ってるよ！

A君「当たり前だよ！」

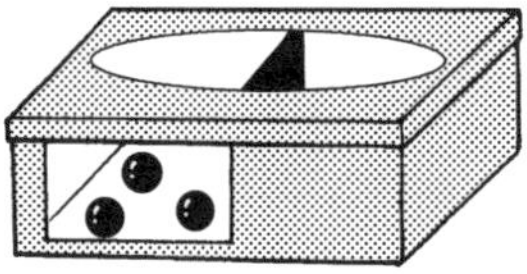

　5つじゃ、やさしかったんだな。今度は玉を7つにするよ。

　はい、1つ、2つ……7つ。全部入れたよ。

　見えてる玉はいくつ？　今度はBさん。

Bさん「3つです」

　じゃあ、見えないほうには、いくつはいってる？

Bさん「4つです」

　何ですぐわかるの？　あなたも透けて見えるの？

Bさん「だって、7から3とったら、残りは4つだからです」

　へえ、ほんと？　じゃ、調べるよ。

当たってる！　4こだ！

●引き算のきまりを知る

　みんな、すてきだね。どんどんわかっちゃうんだね。

　でも、いつもこんな箱と玉を出すのはめんどうだから、これを数字としるしを使って、

5−《ひく》2=《は》3

と書きます。

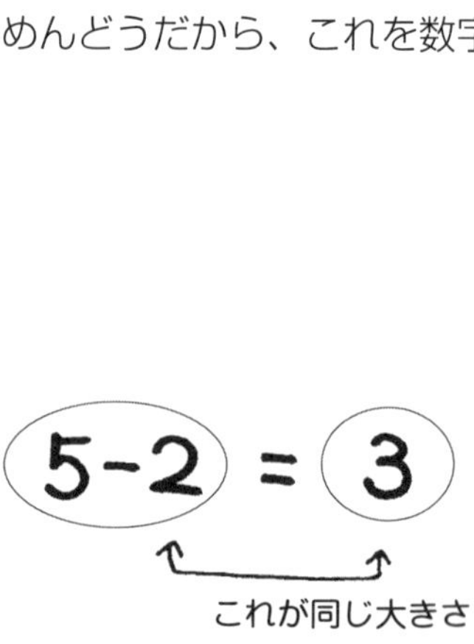

　この「ひく」のしるしの横棒は、大きいほうからひっぱるので「ひく」かな。「は」のしるしは「左側の全部と右側の全部が同じもの」という意味です。

さあ、できるぞ！

5－2＝　　7－2＝

6－2＝　　8－4＝

4－1＝　　9－3＝

10－2＝　　10－7＝

5つのお菓子のう
ち2つを食べたら
残りは3つ

わあ、どんどん
できる。

このように「遊び感覚」で見えないほうの数を当てていきます。

子どもたちは、最初は感覚的、経験的に当てていきますが、これを「引き算」として数式を使ったかたちにもっていくことにより、5－X　や　10－X　をすんなり理解できるようになるはずです。

●くり下がりもかんたん

10－X　までの段階がラクラクできるようになったら、ランクアップして、くり下がりにもっていきます。

このくり下がり計算こそ、算数が苦手になってしまう手強い階段なのです。

くり下がり
計算

さあ、今日の勉強はむずかしいぞ。

（ふたたび箱を取り出す。）

今度は玉を12こ入れるよ。１つ、２つ、３つ……12こっと。

はい、見えてるほうは２つだけど、こっちは？

Dさん「10こ！　かんたんじゃん！」

あ……12こあって、２こじゃ、やさしすぎたね。

じゃあ、次は１つ、２つ……12こはいったよ。Eくん、見えてるほうはいくつ？

Eくん「えーと、１つ、２つ、３つ、４つ。４つです！」

すると、見えないほうは？

Eくん「えー。？？？？」

ほら、むずかしいだろう。いくつかな？

Fさん「はい、８です！」

え、どうして８つなの？

Fさん「えーとね、12を10と２に分けて、10－４は６でしょ。その６と、さっき分けておいた２をたすと、８です」

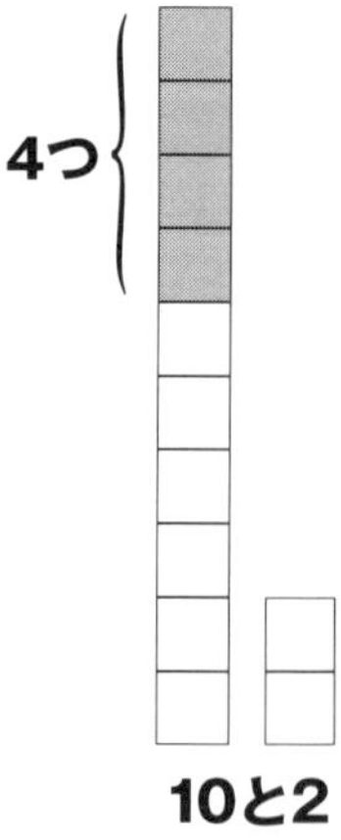

すごいね。みんな、わかった？　Fさんの言ったこと。

みんな「12を10と２に分けるんだ！」

（板書する。）

この10の柱から、まず見えてる４つを引くんだね。すると、残りは６だから……

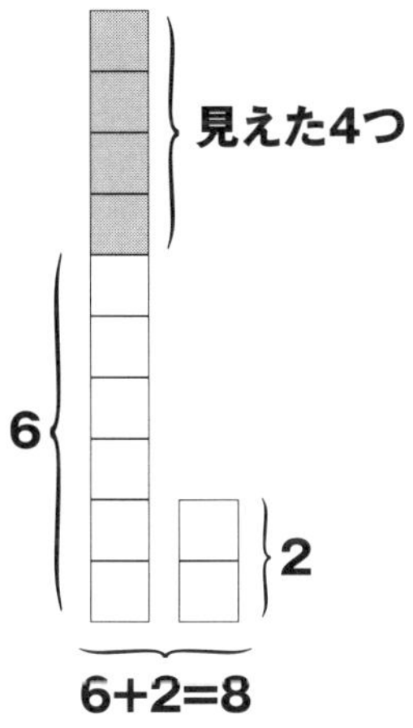

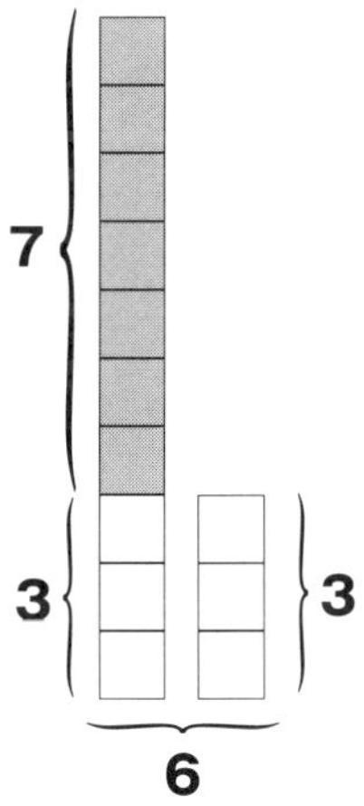

玉が８つあるか、調べてみましょう。

１つ２つ……８つ！　当たり！

Fさんすごいね。みんなも10より大きいときは、「10といくつ」というように分けるとやさしくなるよ。

じゃあ、玉が13だったら……１つ、２つ……13こ。見えてるほうは、今度は多いね、7つもあるよ。

Gさん、できる？

Gさん「13を10と３に分けて、10から７つ引くと３でしょ。じゃあ、３と分けた３をたすと、６？」

ほんとかな。調べてみよう。はい、６こです。当たり！

次は15こでもできるかな？

このように展開していきます。

楽しい学習づくりのポイント

①教師自身が楽しんで授業研究を

教師が楽しくなければ、楽しい授業はつくれないですよね。先生自身が「こうしてやろう」「こう工夫すれば、よくわかるのでは」と学び、工夫することです。

②自分なりの方法を

自分の得意分野や特技を活かして、自分なりの授業を目指しましょう。手作り教材も、人や本から学んだアイデアを自分のものにして、子どもたちと楽しみましょう。例えば、107ページに紹介した「マジック・ボックス」を子どもといっしょに作ってみては。

★ちょっとした工夫で楽しい授業に

九九の勉強のさい、ずらっと整列した子どもたちに、順番に九九を唱えさせて、つっかえると「もう一度！」と列の最後尾に並ばせる……こうした例をみます。

これでは子どもたちは九九を楽しく学ぶことができませんね。

> お兄さんが弟と10枚のおせんべいを分けるとき、ズルをしてたくさんとっちゃった。お兄さんは何枚とった？
> 答え　にいさんが6……2×3=6（にさんが6）6枚でーす。

といった「とんちクイズ」から九九の勉強をはじめたら……。他にも、午前中に15人で遊んでいた子どもたちが、お昼から友だちをつれて集まったよ。何人か？

答え　午後（ごご）25　5×5＝25　だから25人！

★マジック・ボックスで遊ぼう

●用意するもの

正方形の色画用紙……２枚

のり、カラーペン、折り紙など……適宜

●作り方

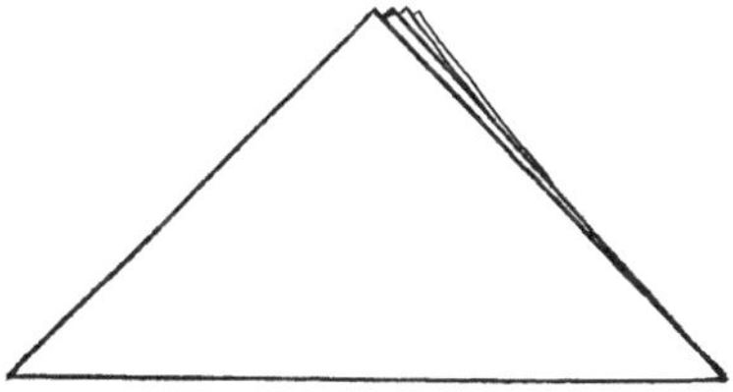

①色画用紙2枚をそろえて半分に折る。

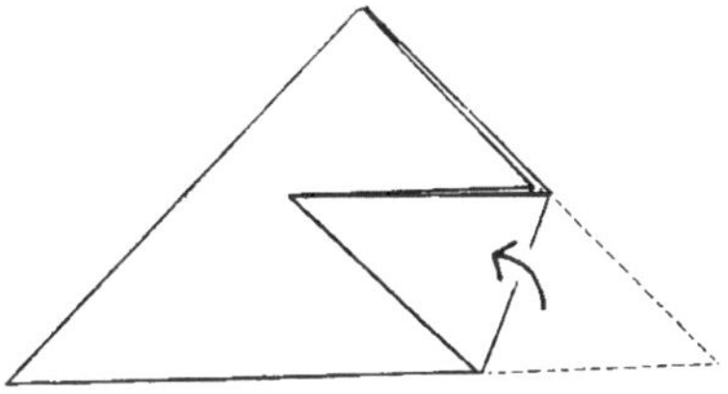

②右側を折る。

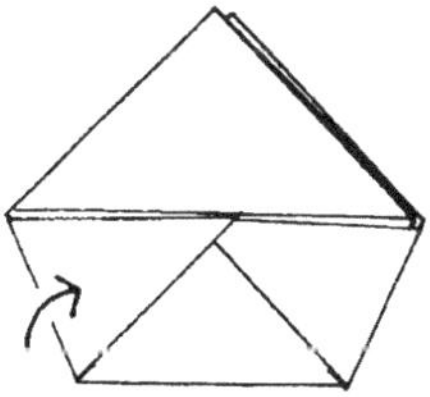

③反対も折る。

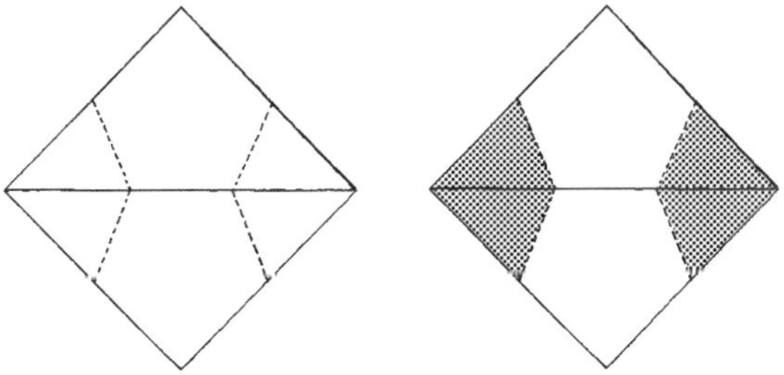

④一度広げて、1枚の斜線部分にのりをつけ、2枚を張り合わせる。

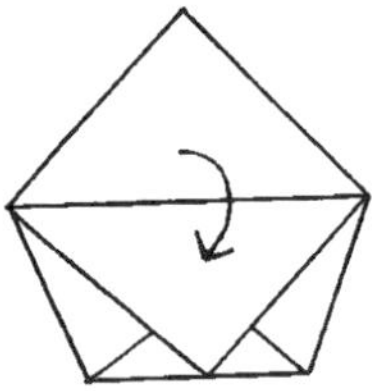

⑤ふたたび③の
かたちに折る。

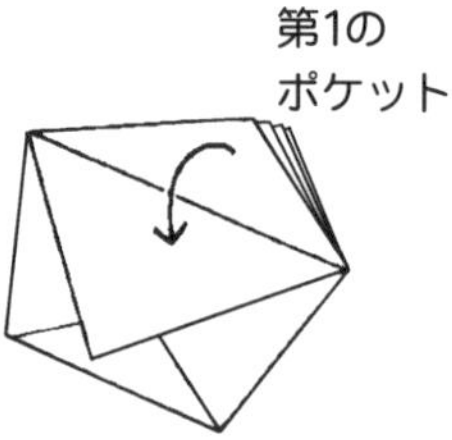
第1の
ポケット

⑥上の三角部分の１枚を手前に
折り、残りの３枚は後ろ側に
折る。（第１のポケット）

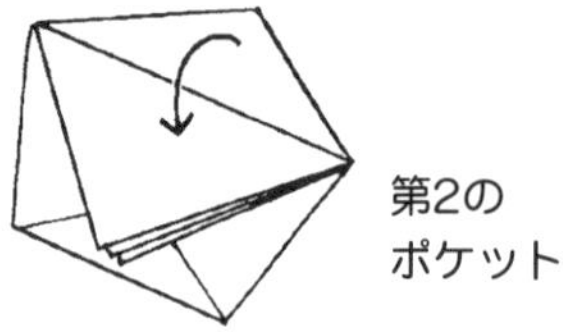
第2の
ポケット

⑦三角部分の３枚を手前に折
り、１枚を後ろ側に折る。
（第２のポケット）

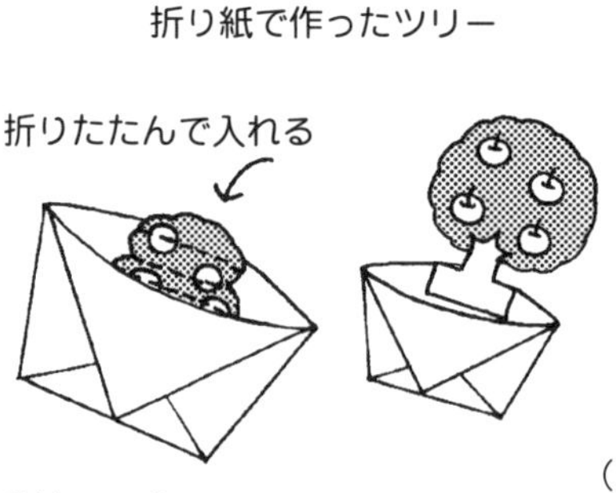
折り紙で作ったツリー
折りたたんで入れる

⑧第2のポケットにしかけを
張り付ける。

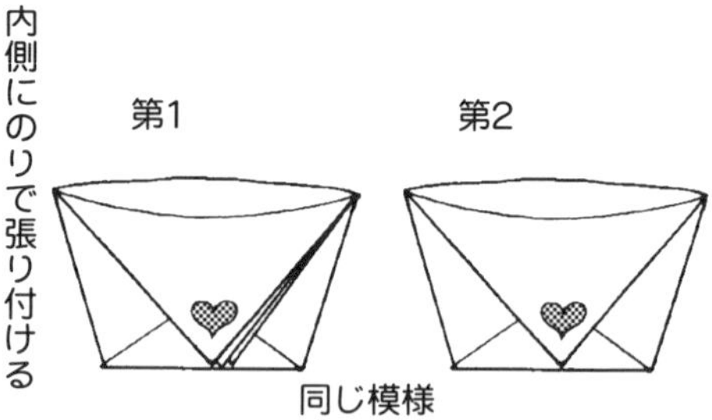
内側にのりで張り付ける
第1
第2
同じ模様

（ベロの部分に同じ模様を張っておくと効果的。）

●遊び方

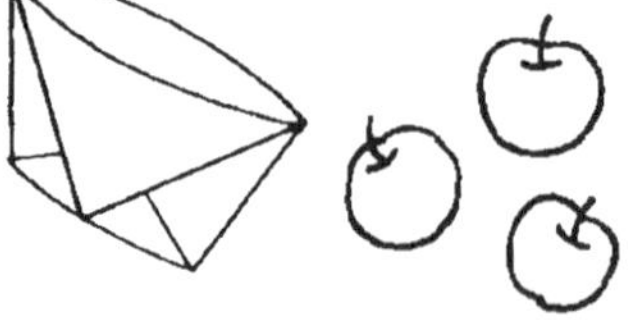

①
（⑤の形から第1のポケットを開き、
リンゴ形に切った色紙を入れる。）

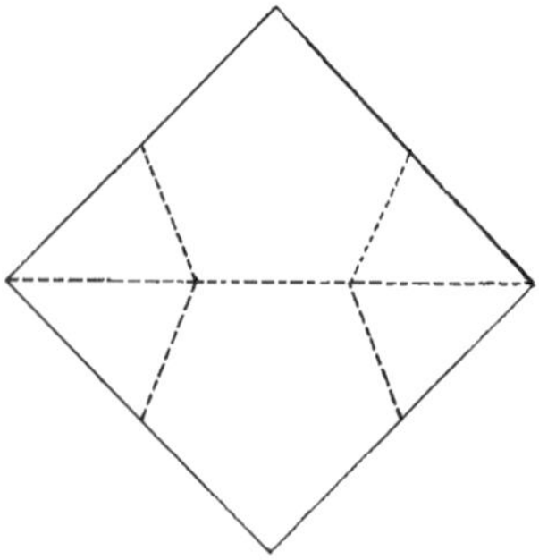

②開くと、いま入れた飾り
が消えました!!

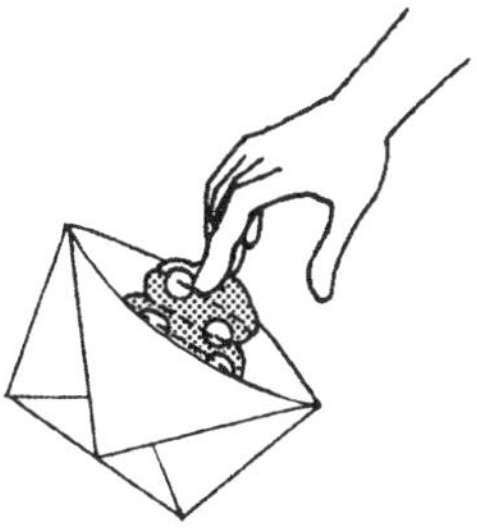

③もう一度たたんで、おまじない
をかけると……
④今度はポケットから……
（第2のポケットを開く。）

⑤おや、木にリンゴが
なってます！！

第2のポケットに入れるしかけは、季節に合ったものを工夫します。

色や形が変身するものならなんでもいいですね。

算数の問題を入れて答えを出したり、ひらがなを入れて漢字を出すなどもおもしろいと思います。

パラパラ
入れた雪が

おや、
雪だるま
に変身！

■楽しい授業のアイデア■

★「まねっこ絵」を楽しむ…図工

これは、２人の男の子が絵ハガキを見てかいた「風神・雷神」の絵です。縮小コピーして「学級だより」に載せました。

みんな、今日はね、昔の人のかいた絵を、
まねっこして、かいてみよう。

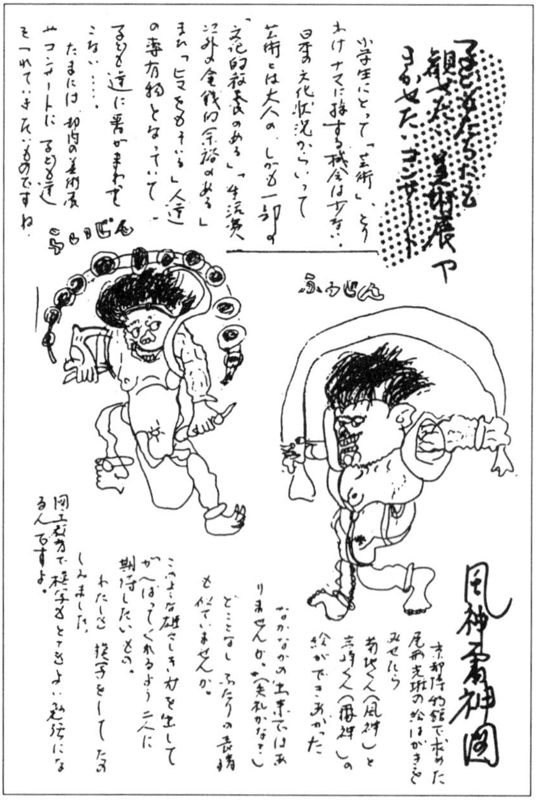

２年生でしか表現できない、おもしろい絵ですね。

★どくへび遊び…体育

①体育館の床に引かれたバスケ用コート等の中をゲームの範囲と決める。

②オニ（２～３人）は、床に腹這いになって、ホフク前進の要領で進む。横にゴロゴロ転がってもよい。（ひざを立てるのは反則）

③残りの子は、立って逃げる。

④オニにタッチされたら、「毒がまわった！」と言って、その子も腹這いになりオニになる。（コートの外に出てしまった子もオニになる。）

⑤みんな毒ヘビになったらゲーム終了。
「逃げる側をコートの隅へ追いつめる」
「オニが増えてきたら、横1列に並んで、逃げられないようにする」
といった作戦を立てながら遊びます。

バトルロイヤル…体育

フロアマットの上で、入り乱れて落っことし合いをします。最後にマット上に残った子が優勝！

●髪の毛を引っ張る、けっとばす、ひっかくなどは反則。退場です。

●少し乱暴でも、危険がなければ続行。（泣きべそをかく子には「自分で飛び出せ！」と激励します。）

●力の弱い女の子も、数人がかりで強い男の子を押し出す、といった作戦を立てれば勝てます。

最初の3カ月
……………夏休みの準備まで……………

6～7月には、一定のペースが整ってきて、この間、春の運動会や遠足などの行事にも取り組みますが、日常的には、担任流の学級づくり・学習の進め方が決まってくる時期です。

■夏休みを前に■

とくに1年生の「初めての夏休み」は、保護者のみなさんにとっても「夏休みのすごし方」についてアドバイスがほしいところです。

「学級だより」や「保護者会の資料」などを活かしながら、具体的なアドバイスをできるよう配慮しましょう。

課題として出す「あさがおの観察」や「絵日記」などについて、日ごろの作文指導と合わせて、「たより」にすぐれた作品を紹介する等、子どもや保護者に働きかけます。

★学級だよりを活用する

普段から、子どもたちの作文や絵などを縮小コピーして掲載しま す。行事のようすをイラスト（写真）で紹介したり、学習している内容について報告すると、保護者のみなさんも、わが子のようすがわかって安心されますし、家庭学習のヒントにもなります。

■夏休みのアドバイス■

夏休み前の保護者会で活用する資料として、「学級だより」などで紹介してもいいでしょう。

★「夏休みは大変」にしないで、親も共に育つように

●心身共にググッと飛躍させて

40日もの夏休みを前に、これを「ああ、長い日数、大変だ」と感じるのではなく、子どもたちの大きな成長のバネにするため、どうすごすかを考えてみましょう。

普段とはちがうわが子を発見したり、親子の交流の機会にしたりしたいものです。

●「やったぞ！」という思い出を

夏休みは子どもたちの自覚をうながすチャンスです。

将来にわたって「夏休みには、こんなことがあったね」と思い出に残るようなものにしたいですね。

●親が方針をもって

もちろん子どもの意見もききますが、親の心がまえが大切です。

夏休みのすごし方のヒント

●**親子で計画を立てる**

子どもたちに目標を持たせましょう。

お手伝いをする、作文を書く……など

●**生活ルールをつくる**

１日の生活の仕方を発表する……など

●**親子でものをつくる**

親子で工作やお料理などに挑戦しましょう。

●**地域の行事に親子で参加**

おまつり、町会での取り組みなど。

●**近所とのつきあいを深める**

「ともにわが子」という考え方で。

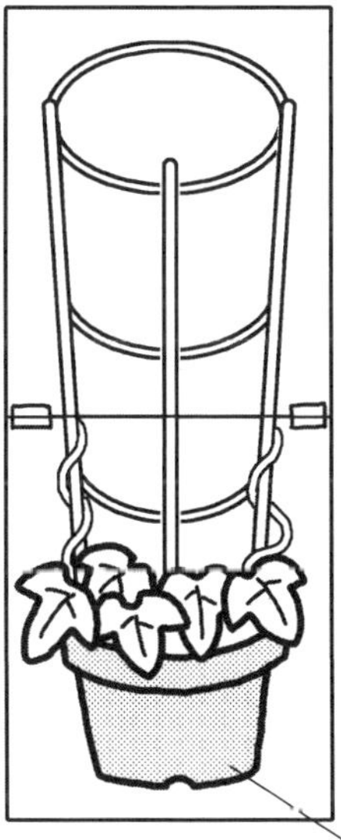

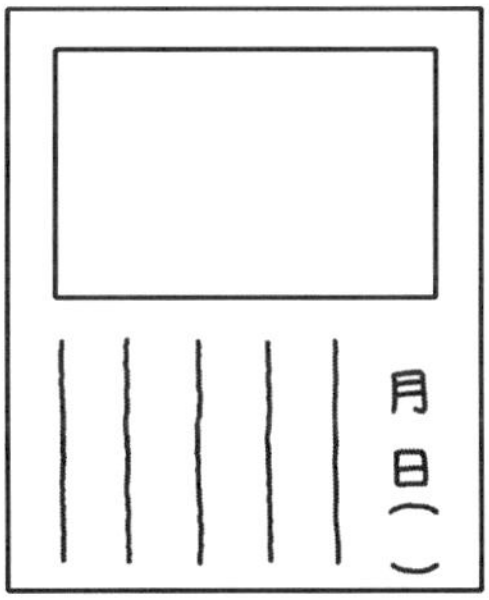

「なつやすみのえにっき」用紙
（数枚用意する）

「かんさつにっき」
Ｂ4を２枚たてにつないだ大きさの画用紙。
観察図の続きをかいてもらう。

ここは印刷しておく。

スタートダッシュでつまづかないために
…………つまづいても、取り返せます…………

この本で紹介したようなことを心がけておけば、まず大丈夫だと思いますが、そのコツをまとめるとすれば、

①子どもたちを大きくとらえる

子どもたちを取り巻いている教育界や親の現状をふまえて、教師の仕事に自信と責任を持つ気概をもつことです。

②１人ひとりの「種子からどんな花が咲くか」という視点で

勉強がわからなかったり、すぐ騒いだり、友だちに迷惑をかける子がいても、その子をいちいち叱責したり、スポイルしたりせずに、その子のよいところを引き出しましょう。

③子どもたちの間に生じた事件には、正直・誠実に対処

あわてず、時には管理職や同僚の力も借りて対処します。自分のクラス内で、１人だけでなんとか解決しようとすると、失敗することがあります。

事実はありのまま、かくさずに出して、保護者にも理解を得ましょう。

④失敗しても、言いわけはせずに

正直に、誠実に、自分の不注意や力不足をわびて、立ち直るよう努力しましょう。

⑤やり直しはできる

「大切なのは誤りをくり返さないこと」を教訓として、心の中の落ち込みを克服するようにしましょう。１カ月目、いえ、４月のスタート時にもどって復習したり、取り組みを練り直すことができますから。

寺田小学校 1ねん1くみ あゆみ

NO.34

きょうも ぷうる よいきもち

せんせいが はなのちゃん をなげたところ

たくさん、なげられた ひとが いましたよ。
はなのちゃん「おもしろかった。」と いいました。 またね。

このれつに なんの すうじを いれますか

5	2	0		7	
4	3	2		4	
2	5	4		5	
7	0	3		2	
1		5		4	

いくつといくつのやりかた

あわせて⑦になるようにしましょう。

さんすうの れんしゅうもんだいです

ぴかぴか みがこう!

ゆかに わっくすを ぬったので ひとり 五ます 百《ひゃく》かい からぶき しました。
ゆかが ぴかぴか に なりました。

ピンクっぽい むらさき ですね
のあざみ

つゆくさの はなのいろは 「あお」でした。 さがして みよう

おかあさん あのね
ぷうるにはいった
よそしてひとり
ずつしゃわあに
はりった。

なまえ（くしだけんじ）

（しやわあのえ）

ありのぎょうれつ

きょう おさんぽをしてたら
ありのぎょうれつが あったよ・
おさんぽしていると
いいきもち
かぜがきもちいいね。
うたをうたいながら
どんどんあるく きもちいい
きもちいいかぜがふく
ありがあるく
わっせわっせ とあるく
ありのぎょうれつたのしいな
ありはどんどんあるくよ
ありはえらいね。

かんの あや

ありのぎょうれつ たのしいね
よくかけました。

（「詩」を書きますとノートに書いてきたものを
詩のように 行がえして原文のまま。）

寺田小学校 1ねん1くみ

あゆみ

NO.55

もうすぐなつやすみ

のこりは あしたと げつよう日と かよう日の しゅうぎょうしきだけ がっこうに くるよ。

21日《にち》から なつやすみにはいります。

23日のプールに おくだせんせいもきます

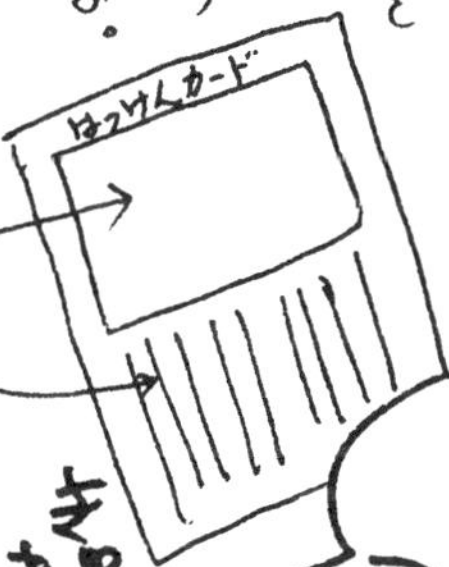
はっけんカード
えをかく
みつけたこと とかく

なつやすみ はっけんカードを つけよう

あとで あげます

きゅう食は きょうで おわりです

きゅう食エプロン おせんたく ありがとうございました。本日のはクリーニングに 出します

二くみのみんなとたいくかんで いっしょにあそべました

二くみの水谷先生がお休みなので 二組のみんなも いっしょに体いくかんでゲームをしました。「はくしゅ集合」でみんな ねちゃったんだよ。

あやちゃんが きれいなきのこを みつけたんだって

きれいな あかいいろ
きいろ
しろ
・どくきのこもある
・でもやたと たべないこと
たまごだけ
（たべられます）

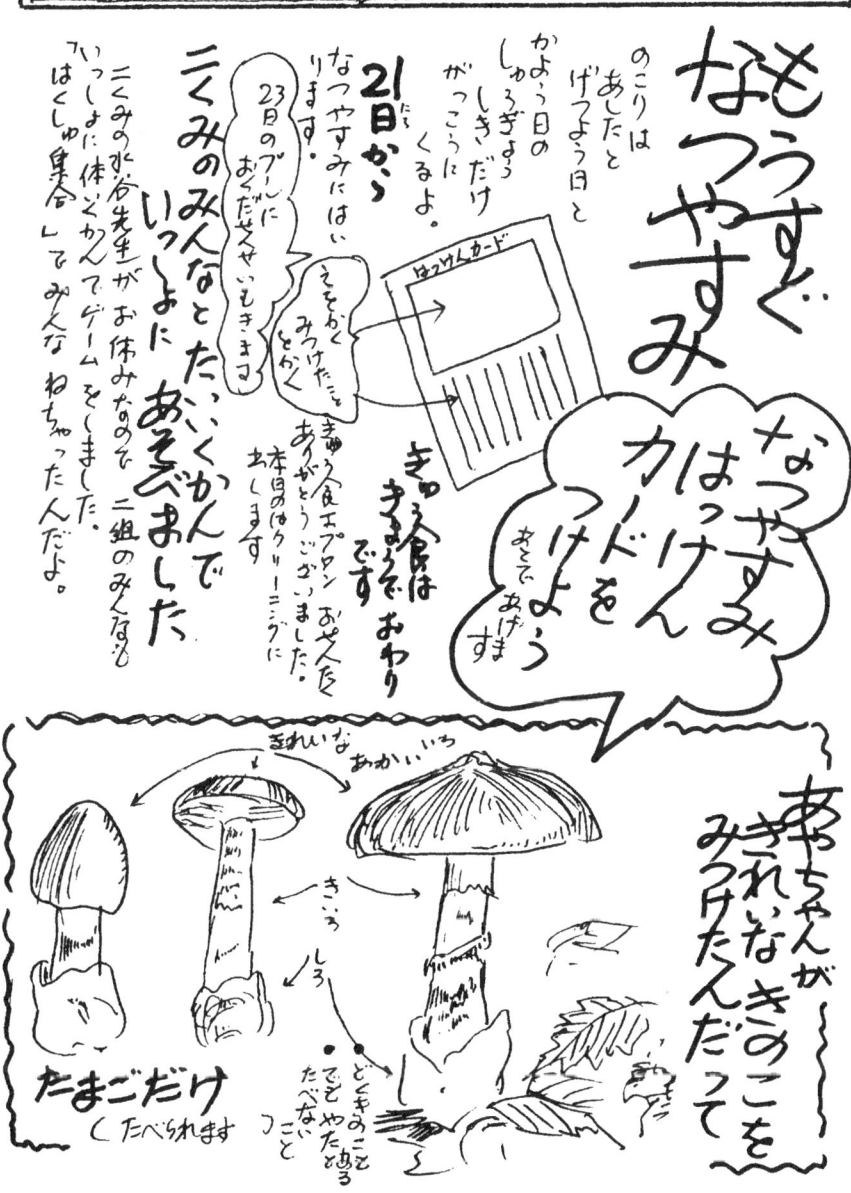

おわりに

学級づくりのスタートを誤らないために

このシリーズを執筆するにあたって、「まるごと○年生学級担任ＢＯＯＫ」シリーズをはじめとする私の編著本を読み返してみました。

「よくがんばったなあ」という思いと、自分のことながらおもしろく読めて、これならいま現職の先生方にも、充分「即戦力」として役立ててもらえるという感を強くしました。

いま、教育現場が「多忙」となり、先生方は「疲れた」を連発し、自主的・創造的な実践が「自由に」できない雰囲気があるといわれる中で、それだからこそ、みなさんには自分の頭で考える創造的な実践を期待したいものです。

●「教師の三気」が危ない？

かつては壺井栄の「二十四の瞳」や石川達三の「人間の壁」といった、教師を主人公とした小説に感動して、教師になる決意をした人も多かったはずです。

また、ペスタロッチ「伝記」やルソーの「エミール」、シュタイナーの「教育論」などの歴史的名著や実践を学んで、ぜひ私もと、教師の道に進まれた方もいることでしょう。

小さな子どもたちの笑顔に囲まれたすばらしい職業として、子どもたちの魅力をスタート台にされた方もおられると思います。

いま一度、「教師とはどんな仕事なのか」の原点にかえることが必要だと思います。

「やる気」「根気」「のん気」は教師の「三気」だそうですが、この3つを自分の中で点検してみるのもいいでしょう。

●「のん気」が一番

私たち教師が心の病気になってしまわないためには、「のん気」が大事です。

私など「やる気、根気、のん気、のん気、のん気」の五気で乗り切ってきたように思います。「のん気」は「ちゃらんぽらん」ということではなく（私の場合、多少それもあったことは認めますが）、楽天的にものごとをとらえ、悩みすぎない、ということでしょう。

子どもとのかかわり、同僚や管理職、保護者のみなさんとのかかわりの中で、悩みもたくさん生じますし、許されないような失敗をしてしまうこともあると思います。しかし、そうしたことにいつまでもこだわらず、つぎへの教訓にさえしてしまう楽天性が必要です。

●確信犯教師より、のんびり教師のほうがまし

子どもたちにとっての「よい先生」「好きな先生」とは、楽しい、えこひいきしない、よくわかるよう教えてくれて、よく遊んでもくれる、笑顔のやさしい先生です。

「こうすれば子どものためになります」と確信をもって力押ししていくタイプの先生は、いわば「確信犯教師」といえます。

自分のやり方を盲信して、子どもたちに押しつける教師よりも、のんびり、ゆったりと子どもを包んであげる教師が望ましいと思います。

あたたかい教師、目線がやわらかい先生を期待したいものです。

●教師として生きがいのもてる毎日を

これらを一言でまとめるならば、「自分が教師であることに対する誇り

や自己責任感をもって毎日すごすことのできる存在である」ということでしょう。そのためには毎日の教育実践を大切にしながらも、おおもとでは自分でも納得でき、保護者からも「この先生にこそ」と支持される安定した力量をもつよう努力していくことです。

大変なようですが、１歩１歩学ぶ教師、子どもたちとともに成長できる教師であろうとすれば、伸びていけるはずです。

「作曲家になるには、作曲以外の勉強をしろ」とは作曲家池辺晋一郎さんの作曲家志望の若者へのアドバイスですが、基本となる幅広い教養を身につけることも大切なのです。

教師はなにごとも勉強ですから、自分自身を充実させることを常々心がけながら、まなざしのやさしい、すてきな教師になっていただけることを期待します。

奥田靖二

お問い合わせは、
〒193－0844　八王子市高尾町1989－1
FAX 0426－61－3905
奥田靖二
までお手紙かＦＡＸでお寄せください。

編著者紹介

奥田靖二《おくだやすじ》

元東京都八王子市立寺田小学校教諭
子どもの文化研究所所員　新しい絵の会会員

著書

『遊び・ゲーム　ワンダーランド』『みんなで遊ぼう12カ月　全校･学年集会ランド』
『小学校１年生　学習と生活の基礎・基本』『学級担任のための遊びの便利帳』
『教室でできるクイックコミュニケーション手品』（以上　いかだ社）
『学校イベント遊び・ゲーム集』全３巻（教育画劇）ほか

イラスト●桜木恵美／藤田章子

編集●中小路寛

ブックデザイン●渡辺美知子デザイン室

学級づくりと授業
スタートダッシュ
最初の3カ月［低学年］

2006年3月12日第1刷発行

編著者●奥田靖二©
発行人●新沼光太郎
発行所●株式会社いかだ社
〒102-0072 東京都千代田区飯田橋2-4-10加島ビル
Tel.03-3234-5365　Fax.03-3234-5308
振替・00130-2-572993

印刷・製本　株式会社ミツワ

JASRAC　出0602606-601
乱丁・落丁の場合はお取り換えいたします。
ISBN4-87051-183-5